限制人身自由人员未成年子女社会工作介入的理论、实践与反思

西安市复和未成年人服务中心◎著

中国社会出版社
国家一级出版社 · 全国百佳图书出版单位

图书在版编目（CIP）数据

限制人身自由人员未成年子女社会工作介入的理论、实践与反思／西安市复和未成年人服务中心著 . -- 北京 ：中国社会出版社，2022.5

ISBN 978-7-5087-6750-5

Ⅰ. ①限… Ⅱ. ①西… Ⅲ. ①犯罪分子－子女－社会工作－研究－中国 Ⅳ. ①D669.5

中国版本图书馆 CIP 数据核字（2022）第 057085 号

出 版 人：浦善新
终 审 人：王 前
责任编辑：刘云燕
策划编辑：刘云燕
责任校对：杜 康
封面设计：李 尘

出版发行：中国社会出版社
地　　址：北京市西城区二龙路甲 33 号
邮政编码：100032
编 辑 部：(010)58124846
网　　址：shcbs.mca.gov.cn
发 行 部：(010)58124864；58124845
经　　销：新华书店

印刷装订：北京虎彩文化传播有限公司
开　　本：170 mm×240 mm 1/16
印　　张：13
字　　数：220 千字
版　　次：2022 年 5 月第 1 版
印　　次：2022 年 5 月第 1 次印刷
定　　价：50.00 元

中国社会出版社微信公众号

中国社会出版社天猫旗舰店

感谢香港理工大学应用社会科学系中国及全球发展
网络（前中国研究与发展网络）对本书出版的支持

序　一

本书的写作方式，如作者所言，是以原生态的方式写下的社工手记，记录的是一群心怀善念的社工师生的心路历程。说来虽然简单，但读来有令人耳目一新之感。我觉得，这本书很值得一读。特别是对社会政策的制定者、社会工作专业的从业人员、学生和研究者，都具有启发意义。

本书关注的是一个非常边缘化的儿童群体：限制人身自由人员的未成年子女。由于各种各样的原因，这些孩子可能过早地遭遇了人生中的疾风骤雨。他们的家庭可能无法给他们提供健康成长必要的支持。他们在成长的过程中，可能遭遇贫困、忽视、虐待、霸凌和歧视。每一个个案，都是一个家庭的悲剧和儿童之殇。如果没有有效的外界干预，这些儿童的成长可能会偏离正常的轨道。在未来的某一天，我们的社会可能会为忽视这些儿童的需要，付出沉重的代价。读过本书，我深切感觉到，对这些儿童提供的服务，真是回报很高的投入。因为它有可能改变这些孩子的发展轨迹，也有可能把潜在的未来消极因素转变成促进社会和谐的积极因素。

本书记录了服务这些儿童时，社会工作者的辛勤努力。这些年轻的社会工作者，不辞辛苦，深入家庭和社区，点点滴滴地记录下限制人身自由人员未成年子女生活的方方面面，分析影响他们健康成长的各种因素，并通过持续的努力，提出对策，解决儿童面对的困难，帮助这些儿童健康成长。本书体现的这种兢兢业业的“社会工作者”的道德精神，是今天的社会最可宝贵的财富之一。这种精神，可以通过本书传递给后续的社会工作者，是为薪火传承。

在本书中，既包括了宝贵的实证资料和作者的真实感受，也可以看到作者在理论探讨方面作出的努力。作者试图用被国际上广泛接受的儿童发展理论来指导社会工作实践，并期望把实践经验提升到理论的高度来总结和传播。这使得本书虽然是一本实务手册，可供基层社工在实务工作中参考，同时也为基层的社会工作者提供了宝贵的理论指导。

祝贺本书的成功出版！

北京师范大学社会发展与公共政策学院　尚晓援

序　二

当“复和”督导廖陈林老师发给我这本书的电子稿时，我并不知道“复和”团队，也不知道他们在做什么，只觉得又拿到了一本有待出版的专业书，一个“漫长而无聊”的阅读任务就等在前方了。

但读了个开头，就被廖老师和同工们那质朴温和的文风感动了。他们仿佛和眼前的读者在对话，仿佛告诉眼前看这本书的社工，特别是那些新手社工，个案里都有什么故事、什么坑、什么困惑和什么出路。而我就成了这样的一个读者，深深被这本书中的实干精神、探索精神和肺腑之言所打动，爱不释手地一口气看完了这本书，哪还有什么漫长和无聊感呢？与其说我是一个阅稿人，不如说我是一个学习者。

社会工作中的三大方法中，最耗时、最不容易做的，我以为是个案社会工作。许多机构不喜欢把大量人力物力心力投入个案工作中，如果非做个案不可，也是能做得短程一点就做得短程一点。而“复和”的个案一做就是长则三年，短也要一年。在这些个案服务的过程中，因为“复和”的陪伴，一个个支离破碎的家被修补，一个个失职的父亲或母亲被唤醒回到为父为母的位置，而一个个孩子的成长路上也被点起了一盏盏小灯。把最不易的个案工作做成后，社工人就“知趣”地撤离，目送孩子们继续他们人生的路！

在阅读这本书的过程中，我发觉书中有许多亮点：

1. 关注一个少有人关注的群体

这本书的服务对象，“复和”团队的工作者小心翼翼而不乏爱意地称他们为“限制人身自由人员未成年子女”（Children of Incarcerated Parents，CIP），包括服刑人员、强制戒毒人员以及在看守所被羁押人员的未成年子女。虽然只是一个名称，就足见工作人员的用心。他们关注到了这个少有人关注的群体，他们的关注中也充满了对人性尊严的极大维护。家庭遭遇贫穷、疾病、父母离异都不足以给孩子们带来道德上的耻辱感，而父母服刑、吸毒却会。“复和”团队的社工用他们的服务告诉我们，人之所以为人，不管曾有什么境遇、什么经历、什么作为，都值得尊重。那些在高墙内的“家长”固然罪有应得，但即便如此，仍要小心命名，对家长尊重即是对孩子的尊重，对孩子进行服务，也理当对家长的人格保有尊重。一个人纵使犯了再大的罪，同样有人的基本需要，同样有人的基本尊严，同样可以被期待，同样有改变的可能！而他们的孩子更需要我们的关注和陪伴！

2. 芬芳清新的价值观

许多学者认为好的个案工作，常常就是因为其带来了价值观的转变，这在认知改变中尤为常见，价值观转变常常是认知行为转变的自然历程。所以社工自身的价值观对个案服务的影响不可小觑。看到“复和”团队的个案时，让我想到林孟平老师在《辅导与心理治疗》一书中所说的话：我们深信在进行辅导时，辅导员本身的人生经验、自我形象、性格、需要、价值观、生活信念、对人性的看法和对人的态度与关怀，往往很自然地会被带进与受辅导者间的亲密关系中；而这一切其实就是建立有效的、具有治疗功能关系的要素。一个辅导员对辅导目标的选择，无论是有意识或无意识的行动，追溯起来实际就是他自己人生目标的投影。故此，若是他本身生活内涵丰盛，很可能就可以引导服务对象的生活内涵趋于丰盛；相反，他本身的贫乏和枯槁，也可以限制当事人生命潜质的发挥。

在这本书中，我看到无论是督导还是社工都比其他工作者更关注价值观的培植，书中也有一整篇都在讨论社工服务中的价值和伦理问题。而且遇到那些伦理困境，社工们的讨论都是基于社会工作价值观中最重要的部分，基于人性中那些最朴实无华的关于正义、诚实、爱和尊严的部分。由此可见，“复和”的督导本身是一个内心非常丰富的人，她也期待通过督导把这种生命的丰富传递下去，不只是技术性地对待服务对象，而是从生命角度关怀服务对象。有这样的胸怀，自然就会带出不一样的服务。当面对这些精彩的直击人心的伦理讨论时，让人觉得仿佛置身山野间，扑面而来的都是大自然的清新馨香，让灵魂可以吸收这香气，让眼睛可以享受这明亮！这些社工的生命也在服务中、督导被督导中，彼此碰撞而更加丰富起来。

3. 注重理论的运用，让所有的理论在实务中接地气

“复和”团队的工作人员学科背景不一，但是因为有一对一的督导就保证了“复和”服务的专业性，尤其是在理论的运用上，可以看到他们特别注重家庭系统对儿童青少年成长的影响，善于运用家庭社会工作中的各种理论来处理不同处境中的儿童青少年问题，无论在儿童的人际关系、性心理、认知发展，还是道德发展上都特别注重儿童生理、心理、社会性发展的特点和相应理论的运用。这使服务的过程有章可循，有规可依，不急不躁。

4. 重视家庭功能的建设——保持、恢复并增强高墙内父母的亲职能力

为了恢复高墙内父母的亲职能力，“复和”社工经常要手写书信给这些家长，用文字的方式进行观念的调整，传达社工的理念。其中写给一位家长的一句话特别打动我：“我们相信，虽然在里面，你仍然会是一个好爸爸。”这句话传递的是“复和”的服务理念：要保持、恢复并增强在高墙内的父母的亲职能力。社工不是这个家庭的一部分，社工也不会成为孩子的亲人。社工能够对孩子及其家庭表达的最好的爱、最专业的爱，就是让这个家可以更像一个家，让这个家庭内部的成员可以各尽其职，这才是真正成全这个家。有一天这些家长和孩子会忘了社工，但是不会忘记彼此，不会怀恨彼此，不会永留遗憾，而是可以成就彼此，这样的服务才是这个家需要的！

5. 不掩饰现实世界的无奈

服务应该见证成长，理想应该开花结果。一线社工会遇到孩子们并不那么可爱，祖辈们并不那么慈祥、父辈们并不弃恶从善，奇迹出现的地方并不那么多，而生活依然要继续，孩子依然在长大。在这个看起来没有什么变化的环境中，社工也并不是英雄与圣人，书中也没有向我们掩饰一线社工自己的弱点：不敢告诉服务对象自己的真实姓名，有种种担心；不能接纳服务对象的某个行为，有种种不适……这许多想法是人之常情，让人读来更觉真实，也很想继续读下去，想知道督导此时提出了什么样的建议，社工最后又是如何走出困顿的。并不完美的社工在无奈的现实世界里仍然是一把伞，为孩子们遮风挡雨。

6. 督导的用心

阅读全书，我们能看到督导的用心。这样从零开始训练社工，一对一“师徒式”的督导方式，在国内已经很少见。而这样去做，对一线社工来说是事半功倍，而对督导来说则是事倍功半，督导隐藏在后面，给社工成长的机会，可正是督导的事倍功半最后会达成全机构的事半功倍。事实上，不只是零起点的社工，就算是科班出身的社会工作专业毕业生何尝不需要这样的“从零督导”呢？因为我们在专业课里学的，都只是课堂上蜻蜓点水的信息，早在毕业前就都还给老师了。而要怎样把所学应用到现实服务中，要如何面对人间冷暖，如何说话、如何抓住主题、如何制订方案，如何在复杂的家庭问题中找到解题思路，许多年轻社工都苦于没有督导。若有一个督导可以这样用心地指导他们，社工自己得到成长且不说，这样的服务本身也让人放心，是对服务对象的负责。

7. 比技术更宝贵的是热情和爱

“复和”团队非常注重社会工作者专业技术的培养，但比专业技术更宝贵的是他们的热情和爱。据我所知，大部分社工都是出于爱和兴趣投入“复和”的服务中来的。看到他们写的案例，心里就对这些有情有爱的社工有很大兴趣，在和督导廖老师交流后，才知道一位位社工的故事。这是一个很特别的团队，每个人带着不同的专业背景、不同的看世界的视角、不同的人生经历进入团队。在这里一起学习，有些人是从头开始学社会工作，难度不小；有些人过去已是资深社工，因为有了新的服务群体、新的同工而面对新的环境和新的挑战。就是在这种不断被挑战中大家开始成长，为着共同的目标，为着那些不被期待也少受关注的孩子们，同时也为将爱辐射到他们的祖父母、父母身上。

这份热爱让督导和社工把每一个有意义的故事都记录下来。无论是成功的，还是失败的，抑或是无法判断的，作者都在掏心掏肝地写出来，这既是对自己服务的记录，对自己工作的总结，也是在传授经验，生怕自己掉进的坑后来的社工又掉进去，也迫切希望自己积累的经验可以跟其他社工们一起分享。所以一个不太会做社工或一个不太会做督导的人看了这本书就像自己也跟着去做了一遍，收获颇丰。

全书看完，不禁让我想到王维的一首诗：

木末芙蓉花，山中发红萼。
涧户寂无人，纷纷开且落。

对于我这个远在上海，自认为看过许多热热闹闹的社会工作花开花落的人来说，“复和”的社工正是这山中枝头的辛夷花，不需要别人点赞，也不孤芳自赏，开时山野一片火红，落时又温润了那一方土地。

华东师范大学社会发展学院　赵鑫

目　录

概述篇

案例篇

心路篇

概述篇

复和督导　廖陈林

第一章 服务简介

一、服务背景

从2010年开始，西安市复和未成年人服务中心（以下简称“复和”）团队开始关注并服务服刑人员子女这个群体。当时，服刑人员未成年子女尚未被纳入困境儿童的范围，团队除了直接服务外，也致力于通过实地调研和倡导性工作，呼吁社会公众关注这一群体。2017年，在一些地区，部分服刑人员子女被正式纳入困境儿童的范畴。比如，根据《陕西省人民政府关于加强困境儿童保障工作的实施意见》（陕政发〔2017〕38号）的规定，父母双方长期服刑在押或者强制戒毒的；一方长期服刑在押或强制隔离戒毒，另一方无法抚养或无抚养能力（死亡或失踪，或重残、重病导致无力抚养的）的未成年人，都属于困境儿童中事实无人抚养儿童的类别，享受相关的福利政策。这一政策及后期的“事实无人抚养儿童”的政策，对于服务这一群体的一线社工和机构，是重要的保障。

2015年，复和联合陕西省渭南新星困境儿童援助中心及渭南市救助管理站开展了一次针对服刑人员未成年子女生存情况的调查，根据获取的51户家庭64个孩子的有效数据，我们发现：在父/母一方入狱后，另一方家长离异或出走的比例达55%；入狱的家人当中，95%的比例为父亲；隔代抚养情况普遍，61%的服刑人员未成年子女由祖父母或者外祖父母照顾。[①]

---

① 数据来自复和在该次调查中所得到的数据及由渭南市救助管理站、渭南市未成年人保护中心、渭南新星困境儿童援助中心联合编辑的《渭南地区服刑人员未成年子女“零”距离服务指南》。

在这种情况下，从 2017 年 7 月开始，复和开始在陕西省开展针对服刑人员子女的服务。在服务的过程中，团队发现：一是根据国内的刑事诉讼程序，犯罪嫌疑人从被逮捕到司法程序审结，离开家庭的时间从 1 个月到 2 年不等，在这段时间，其未成年子女的生存处境与服刑人员家庭子女所遇到的挑战有类似之处。二是不少刑事案件都与毒品犯罪有关系，且这一数字呈逐年上升的趋势。比如，2015 年以来，陕西省各级人民法院审判的毒品犯罪案件数量从 1201 例上升到 2403 例。[①] 三是父母被强制戒毒后，其未成年子女所遇到的生存挑战与服刑人员未成年子女所遇到的也有类似之处。因此，在服务中，我们逐渐加入了对强制戒毒人员及在看守所被羁押人员未成年子女的服务。2019 年，我们正式将服务对象的名称统一为“限制人身自由人员未成年子女”（Children of Incarcerated Parents，CIP），包括服刑人员、强制戒毒人员以及在看守所被羁押的人员的未成年子女。

二、服务对象的基本情况

（一）服务对象界定

如上所述，我们的服务对象是限制人身自由人员未成年子女（以下简称 CIP）。因为未成年人需要依靠成年人生活，所以社工的服务对象其实是未成年人生活的家庭系统。在服务中，我们划定了直接服务的三方：CIP，CIP 的现任养育人[②]，CIP 失去人身自由的父/母。

（二）服务对象基本数据

从 2017 年 7 月至 2021 年 7 月，我们对 22 个家庭开展了个案服务。在这 22 个家庭当中，市区的家庭占 31%，其余的家庭皆居住在本地郊区，最远的家庭距离社工机构办公室开车需要 1 个小时。以下是服务对象的基本情况

① 数据来自由西北政法大学储宸舸教授负责的“国家社会科学基金青年项目（批准号 10CFX021）”，项目名称为“吸毒管制的正当性与吸毒者人权保障法律问题研究”。

② 我们发现成年人被限制人身自由后，其未成年子女往往由其祖父母养育，在大多数家庭中，并没有签订监护权转移的文件，所以，虽然养育人并非是 CIP 法定意义上的监护人，但已经在承担类似监护人的监护职责。

(见表1-1):

表1-1　服务对象基本情况统计表

服务家庭总数	市区	郊区	祖父母养育	父/母养育	其他亲人养育	曾发生过养育人变更	养育人有稳定收入(工资、退休金、房租等固定资产收入)	父母在服务期间曾/已回归家庭①	无稳定养育人(单独居住)
22个	7	15	15	5	1	2	7	3	1

(三) 服务对象来源

我们的服务对象主要有以下几个转介渠道：一是由本地未成年人保护中心直接转介；二是由本地街道或者社区直接转介；三是服务对象之间彼此介绍；四是由本地公安、司法系统（公安局、检察院）转介；五是由服务对象的亲人或者朋友转介。

三、服务对象基本处境及深层需求

(一) 导言

“人在情境中”是个案工作的基本原则之一，即从微观、中观、宏观三个方面去体会、理解服务对象所面临的处境和“问题”，并试图通过改变系统的情况来协助服务对象“解决”其问题，逐步恢复其社会功能。在服务的过程中，“人在情境中”是工作中的基本原则，强调从系统的角度来检视个人之外的因素对个人的影响。其实，在服务中，笔者常常有一种困惑：如果我们过分强调外界的环境所带来的资源的缺乏、制度的不公正，人本身的问题会不会变成服务中的盲点？我个人清楚地明白在我的成长轨迹中，一次次因为本性中的自私、骄傲和妒忌等给身边的人带来不同程度的伤害。我之所以并没有越界犯罪，并不是因为我本性纯良，而是本性中的趋利避害让我去计算代

① 在我们服务的强制戒毒人员家庭中，有强制戒毒人员在服务期间回归家庭，但又因复吸而再次被强制戒毒的情况。

价。因此，我常常在想：社会工作服务中，除了理解情景、系统等外在的因素外，是否还应该适当地思考人的本性中一些与生俱来的特质的因素。在后现代政治正确的思潮下，我们倾向于从系统中寻求社会公义的答案，这是应该的。但客观地说，个人所作的一些选择（面对诱惑时的选择、夫妻之间解决问题的方式、个人对待别人的态度和方式）和家庭层面存在的种种不公义（暴力、欺骗、不公等），同样是需要考虑的因素。

在我回头梳理这几年的服务经历的时候，想到一个比喻："症状"与"病理"。这个来自医学的，早期曾在社工领域被使用但因其问题导向的视角已不再常见的概念，也许值得我们再次去思考它们本身所带来的警示作用。作为人，我们所面临的处境、直接的需求和需要解决的问题，是"症状"；而出现这些问题的深层原因，则是"病理"。"症状"是比较容易看见和被评估的，而"病理"却需要深入理解个人、家庭、社会层面的问题及它们彼此之间的因果关系。浅层的"症状"也许可以通过资源链接和短期干预得到缓解，但问题被缓解并不代表产生问题的"病理"被发现并得到深入、长期的治理。因此，在下文中，我仍然用这两个概念作为比喻，来分享笔者对所服务的群体的生存处境的观察和理解。

（二）"症状"与"病理"

这几年来，我们的服务对象的人数是有限的，但因为大部分个案的跟进时间较长，给我们提供了分析总结他们的处境和深层原因的机会。当我们去进行分析和总结的时候，我们的发现与大规模的问卷调查所总结出来的并不冲突。我想用一个简单的图表来进行展示（见表1-2）。

表1-2 "病理"与"症状"关系展示表

病理	症状1	症状2	症状3
吸毒人数逐年上升	养育人/监护人因刑事犯罪或吸毒被限制人身自由	未成年子女缺少稳定监护人，出现隔代养育或更换养育人的情况 家庭经济发生改变	青少年行为偏差（夜不归宿、逃学、辍学） 贫困问题

续表

病理	症状 1	症状 2	症状 3
农村地区的性别比例失调及非婚早育现象，女性受教育程度相对较低，经济上依附于男性	一方父/母（大部分情况为父亲）入狱或被强制戒毒后，另一方（多数为母亲）多半选择离开，重组家庭	1. 部分 CIP 因户口和学籍问题，入学时间较晚，年龄比同辈同学大，未成年缺乏来自父母的情感支持 2. 母亲离开所带来的“被抛弃感”	人际交往退缩
教育资源不均衡及日益严重的教育“内卷”	祖父母缺乏足够的教育资源，农村地区尤甚	部分 CIP 学业表现不佳	自卑感
吸毒人员家庭中因吸毒带来的家庭关系紧张、冲突等情况	家庭内长期创伤的可能性	CIP 的情绪、心理问题	
吸毒或入狱事件本身所带来的羞耻感	CIP 的自我认知较低、自我效能感较低 对于父母行为的认知困惑及羞耻感	人际交往退缩	辍学
夫妻之间在处理关系中的不当做法（家庭暴力、未与原生家庭“断奶”等）	部分刑事案件受害人为家庭成员	家庭内的创伤 受害人与施害人各自家庭之间的冲突 是否告知 CIP 真相的困惑	家庭中的“秘密”给 CIP 带来的羞耻感和心理压力
刑事案件所附带的民事赔偿问题	家庭其他成员（亲戚或者 CIP 的祖父母）需承担经济补偿责任	贫困问题	

四、服务理念

（一）导言

社工强调的“价值中立”与某项服务的“理念”是否冲突呢？我曾经在一段时间内困惑于这个问题，在处理具体个案的时候，有时候会担心自己服务的基础是出于个人或者团队的理念而非被广泛认同的理论基础。有时候，我们的理念也许是出于个人的价值观或者行为偏好，比如“年轻人应该选择大城市，多一些见识”，或者“一个家庭应该收拾得清爽干净”。对于这些说法，我们社工需要问自己“这样说的依据是什么?”。更多的时候，我们的理念基础其实是有客观依据的。比如，“不建议家长将年幼的孩子送往寄宿制学校”的深层原因是依恋理论（attachment theory）和已经有的实证研究；而“小学阶段的孩子不应该完全放养，而应该有作业”的依据则是埃里克森（Erikson）的人类发展阶段理论。在不同的年代，理论可能会有更新，也不一定绝对正确，但是，谨慎地选择所参考的理论基础，却是社工在服务中应该有的态度。

（二）服务的基本理念

1. “以未成年人权益为核心，以家庭为系统”

在针对限制人身自由人员未成年子女的社会救助中，“集中寄养”是为公众所熟知的一种方式。比如各地的“太阳村”①，在相当长一段时间内，这种集中寄养的方式得到了社会的广泛认同。因为在2016年之前，无稳定监护人或监护人无抚养能力的限制人身自由人员子女尚未被纳入“事实无人抚养儿童”的政策范畴内，在没有国家福利政策兜底的情况下，很多服刑人员子女缺少合适的监护人。但是，从2016年开始，国内针对困境儿童的政策已经发生了很多的改变，在现今的法律制度、社会环境、福利政策下，继续坚持“集中寄养”对未成年人来说，并不是权益最大化的选择。

其一，从儿童发展的角度来说，最适合儿童成长的环境是家庭而非寄养机构。除了基本的生存需求，儿童在人际、心理、情绪方面的需求同样重要，这些需要应该在自然的家庭系统中获得。根据依恋理论，儿童在早期与重要养育人之间的情感连接对其成年后发展亲密关系会有重大影响。此外，《柳叶刀》在2020年曾发布一篇报告《柳叶刀特邀重大报告：失养儿童的机构化和去机构化照护》，再次重申针对失养儿童，应该逐步采用安全的家庭养育取代

---

① 澎湃新闻：暖流②丨22年“太阳村”：代养服刑人员未成年子女7千余人［EB/OL］.（2018－09－11）. https://baijiahao.baidu.com/s? id = 1611204220868138135&wfr = spider&for = pc.；走进太阳村，探望服刑人员子女［EB/OL］.（2014－07－02）. https://ln.qq.com/a/20140702/033479.htm.

机构照护。①

其二，从“助人自助”的理念来看，社会服务的目的是赋能给服务对象，而非减弱甚至剥夺他们的能力。每一个家庭都有其独特的资源和能力，且生活在一定的自然支持系统中。若因为家庭经济情况或养育人年龄和身体的原因，将儿童从家庭中带到寄养机构生活，看似解决了生存问题，却忽视了儿童在情感、心理、人际方面的发展需求。

其三，从创伤疗愈的角度来看，父母被关押或者强制戒毒，对于儿童来说是突发事件。对于经历了创伤事件的未成年人来说，确保其情绪、生活环境的稳定是很重要的。因此，如果将其从原有的生态系统带入另一个新的生态系统，儿童需要在短期内适应养育人、同辈群体和社会支持系统的变化，其创伤修复的过程会受到影响。

其四，从现有的法律和政策来看，保持未成年人已有的生态系统和家庭系统已经具备基本的政策支持。2016 年，国务院发布了《关于加强困境儿童保障工作的意见》，提出“对于服刑人员、强制隔离戒毒人员的缺少监护人的未成年子女，执行机关应当为其委托亲属、其他成年人或民政部门设立的儿童福利机构、救助保护机构监护提供帮助”，这条意见表明：对于服刑人员、强制隔离戒毒人员的未成年子女，只有缺少监护人的才需要寻求儿童福利机构和救助保护机构的帮助；在儿童福利机构和救助保护机构之前，需要委托亲属和其他成年人。2019 年，民政部等 12 部门发布了《关于进一步加强事实无人抚养儿童保障工作的意见》，明确指出“事实无人抚养儿童是指父母双方均符合重残、重病、服刑在押、强制隔离戒毒、被执行其他限制人身自由的措施、失联情形之一的儿童；或者父母一方死亡或失踪，另一方符合重残、重病、服刑在押、强制隔离戒毒、被执行其他限制人身自由的措施、失联情形之一的儿童。”并且通过政策文件明确规定了对儿童的生活、医疗、教育的保障。此外，从 2016 年开始，民政部一直在逐步落实到村/社区的儿童主任政策和岗位配置，确保儿童的基本权益能在基层得到保障。此外，2021

① 柳叶刀特邀重大报告：失养儿童的机构化和去机构化照护［EB/OL］.（2020－07－01）. https://mp.weixin.qq.com/s/kTlE3sG3AQEvV0htVaTPqw.

年6月1日生效的《中华人民共和国未成年人保护法》（第二次修订）和2020年5月发布的《关于建立侵害未成年人案件强制报告制度的意见（试行）》明确规定了针对面临侵害风险和监护缺失未成年人的强制报告责任。这些法律和条例的出台，为CIP无人监护状况的及时发现和基本权益，提供了法律上的保障。

最后，“集中寄养”有潜在的法律隐患。2020年，《中华人民共和国民法典》颁布，对公民生活的方方面面产生了巨大的影响。根据民法典第二十三条到二十七条的规定，父母是未成年子女的监护人，若父母没有监护能力，则由祖父母、外祖父母、兄、姐按顺序担任监护人。其他愿意担任监护人的个人或组织，必须经未成年人住所地的居民委员会、村民委员会或者民政部门同意，方可担任未成年人的监护人。人身自由受限并不代表着监护权的剥夺，承担“集中寄养”的机构须按照民法典的规定，申请获批之后方可成为监护人。

考虑到上述因素，我们的服务理念是“以未成年人为核心，以家庭为系统”，尽量保持CIP已有的生态系统，并通过资源链接、亲职教育、家庭辅导等方式，增强CIP现任养育人的亲职能力，并扩展CIP的社会支持系统。

我们的理念也进一步被已有的实践论证，随着针对困境儿童福利政策的逐步落实，以往集中寄养的模式逐渐被“回归家庭”的理念所取代。2020年，北京太阳村里的服刑人员子女陆续被户籍所在地民政部门接走，到2020年8月下旬，所有的孩子都离开太阳村，回到原籍①。

2. 尽早介入

近几年，我们一直在服务之外做部门联动和政策倡导的工作，呼吁民政部门和司法部门在未成年人权益保护中实现“无缝链接”。我们之所以提出这样的理念，是因为未成年人依靠成年人生活，其监护人被抓捕或者被强制隔离戒毒的突发事件会给未成年人的生活和心理带来不可忽视的影响，甚至会产生监护缺失的情况。在这种情况下，社工往往要进行危机干预的评估。危

① 澎湃新闻：高墙外的“孤儿”②|“儿童村”渐渐退出，救助之路已然宽阔[EB/OL].(2021-08-11). https://m.thepaper.cn/newsDetail_forward_12901184.

机干预的基本原则之一是及时接案与处理①。此外，根据《中华人民共和国未成年人保护法》和《关于建立侵害未成年人案件强制报告制度的意见（试行）》的规定，若16周岁以下未成年人独自居住，或者未成年人长期处于无人照顾的情况，都需要尽快执行强制报告的程序。

在现实中，犯罪嫌疑人被抓捕后，法律程序中并没有强制要求司法部门询问犯罪嫌疑人家中是否有未成年人的规定，“事实无人抚养儿童”往往要依靠村/社区的儿童主任发现上报。因为“犯罪”和“强制隔离戒毒”这些信息本身就给涉案家庭带来羞耻感，所以很多家庭并不会声张此事，在人口流动频繁、邻里信息流通相对封闭的城市社区，信息的上报比农村地区更不容易。因此，我们一直致力于推动司法部门和民政部门的衔接，呼吁在成年人被限制人身自由的一开始，针对其未成年子女权益的调查和保障工作就应立刻启动。

3. 真相使人得自由

在我们服务的家庭中，很多家庭都面临着一个具体的问题：说，还是不说？其实，这个问题应该分为几个具体问题：要不要对孩子说爸爸妈妈去哪里了？要不要对孩子说爸爸妈妈为什么不能在家？如果学校、邻居等问到父母的情况，说还是不说？

对于家庭内部成员是否应该了解实情，大部分家庭尤其是孩子们比较大的家庭，或者父母“出事”的时候孩子已经比较大的家庭，并没有很大的困扰，对这些家庭来说，困扰的部分一般来说是孩子父母入狱的原因。若父母入狱的原因在现有的文化中带有很强的羞耻感（比如性犯罪）或者对未成年人本身有很大的冲击力（比如父亲因杀害母亲入狱），不少养育人会比较犹豫。这些事情会给孩子带来多大的冲击，孩子是否会因此对父母有负面的评价和看法，都是需要考虑的。

对于如何回应家庭之外的人的好奇和询问，很多的家庭是犹豫的。少数家庭会举家搬迁到新的地方重新开始生活；而大部分的家庭则没有条件脱离之前的支持系统。因此，面对孩子的同学、邻居的询问，不少家庭会回复：

---

① 隋玉杰，杨静．个案工作［M］．北京：中国人民大学出版社，2007.

“孩子父母在外打工，平常不在家。”但是，这样的回复是无法说服家庭之外的人的。因为即使在外打工的父母，仍然有机会通过微信、电话与老师联系，而被限制人身自由的家长们，却并不能在高墙内完成这一任务。

针对以上种种困惑和艰难的处境，我们的回应是：真相使人得自由。首先，若儿童对父母的去向是知情的，但儿童需要配合养育人用借口甚至谎言来回应其他人，这样的举动在传递一个信号：父母在服刑/强制隔离戒毒是一件见不得人的事情，儿童的羞耻感会相应增加。

家庭内部的隐瞒则会让孩子对很多事情产生疑问：“我爸爸妈妈到底去了哪里?”“那个地方是不是很可怕?”“我爸爸妈妈到底做了什么事情？为什么大家都不说?”“我什么时候才能见到他们?”就儿童本身的发展特点来说，了解下一步会发生什么事情，对自己的生活有正确的预期，能降低其焦虑感；对经历过创伤的儿童来说，这样做能帮助他们重新建立对生活的掌控感，有利于他们从创伤中复原。因此，说，比不说要好。

那么，如何有智慧地告知真相，使真相不带来二次伤害/羞辱，而是帮助孩子建立正确的认知呢？其实，不少家长都会根据孩子的年龄、心智成熟的程度，来把握合适的时机。我们的建议是：即使是很小的孩子，仍然能够理解“做错事情就要被惩罚”的道理。所以，家长可以从这样简单的道理，来帮助孩子们理解父母被限制人身自由的事实，并且让孩子们了解接下来在父母的事情上他/她可以参与的事情（比如什么时候可以见到父母，多久可以见一次，自己可以通过什么样的方式与父母沟通等）；同时，养育人也需要与孩子一起来探讨如何应对学校老师和邻居的询问。在具体的做法上，对于学校老师，养育人不妨提前沟通，请老师成为孩子在学校的保护者；对于邻居，如何使用有智慧的话语而不是谎言来回应，也是可以在家庭内部协商的。如果涉及更敏感的内容，建议养育人与社工、心理咨询师及孩子身边关系密切的成年人一起探讨。

4. 社会公义：不回避过失但灌注希望（我爸是个坏人吗?）

“我爸是个坏人吗?”，这是我们曾经遇到的问题。对于造成自己父母入狱/强制隔离戒毒现状的原因/事件，很多孩子是希望有一个答案的。对于这个问题，有几点疑问需要社工先与养育人达成共识：孩子是否需要了解父/母被法律惩罚的事件真相？能不能通过这件事情来对一个人作判断？人在高墙中是不是意味着他/她不是一个好的父母？

对于以上几个问题，结合上文的探讨，我们的回答是：首先，我们是人，对于自己（不论是孩子、孩子的家长，还是我们自己）曾经作过的决定所带来的后果，回避和隐瞒并不是合适的解决方式；其次，“我们是什么样的人”不应该简单由“我们做过的某一两件事”来定性；最后，即使我们曾经作过的决定产生了严重的后果，在接受了惩罚之后，每个人都有回头重新开始的机会。因此，在回应“我爸爸/妈妈是个坏人吗?”这个问题时，我们建议的回答是：“他/她曾经做错了事情，需要被惩罚，所以他/她现在不能在家里生活。但是，在他/她接受了应有的惩罚后，有回来重新开始的机会，更不能简单地因为这件事而断定他/她是个坏人。”

这样的理念，其实源于社会工作的基本价值观和儿童青少年的道德发展阶段理论。社会工作的基本伦理中，“尊重、接纳、不评判”是社会工作者需要遵守的伦理道德，对于服务对象的行为，社工不参与评论，更不能因为其行为本身而简单地定性一个人的品性；同时，社会工作也看重“社会公义”，人因为自己所做的事情而受到法律的惩罚，是不可回避的事实，也是处于发展期的儿童和青少年需要了解的基本规则。

从人的发展阶段来看，小学阶段的儿童，有更多的时间将道德行为规则加以内化，开始建构灵活的关于道德规则的观念，不再简单地将人的行为用“二分法”进行区分，而是开始考虑行为背后的意图，并开始将道德规则与社会规范区分开来[①]。根据埃里克森的人类发展阶段理论，青少年面临“自我同一性对角色混乱”的心理社会冲突，青少年在此阶段面临建立自己价值观的内核的重要任务，如何理解所处社会的规则，确定自己的核心价值观，对青少年同一性的发展具有重要意义。此外，科尔伯格（Lawrence Kohlberg）的道德发展观认为，对于青少年来说，社会规则和法律对于确保人与人之间平等

① 劳拉·E. 伯克．伯克毕生发展心理学：从0岁到青少年［M］.4版．陈会昌，等，译．北京：中国人民大学出版社，2014：359－360.

对待是非常重要的[1]。

因此，在实践中，我们鼓励养育人和高墙里的家长不回避这样的问题，而是借着合适的时机来引导孩子消化这些对他们来说重要的事情。对于年龄较小的孩子，不妨借用在学校里的例子，告诉他们："做错事就要受惩罚，爸爸/妈妈做错了事情，也要被惩罚，比如不能回家。等到惩罚的时间够了，就可以回来开始新的生活。"对于年龄稍大的孩子，养育人已经可以跟他们探讨社会的规则，引导他们了解规则对人和社会的重要性，以及违反规则就要受惩罚的道理。

5. 保持、恢复并增强高墙内父母的亲职能力

我们曾经给在高墙内服刑的一个家长写过一封信，信中有这样一句话："我们相信，虽然在里面，你仍然会是一个好爸爸。"这句话传递的是我们的理念：我们要保持、恢复并增强在高墙内的父母的亲职能力。

在现实中，父亲或者母亲（大部分情况是父亲）入狱或者被强制戒毒后，另一方（大部分情况是母亲）离开的可能性很大，在农村地区这种情况尤其常见。其原因往往有以下两点：一是在农村地区，早婚早育的情况很普遍，非婚生子女也不少（即未注册结婚已生育子女）。因农村地区不少女性的经济和社会地位较低，需要依靠男性生活，且近年来农村地区男女比例差异较大，当男方被判入狱后，不少女性选择离开重新组建家庭。二是被强制隔离戒毒的人员在进入强制戒毒所以前，已有成瘾的现象，对其家庭经济状况带来很大影响。成瘾者甚至会因为向家庭成员索要毒资而给家庭成员的情绪和心灵带来伤害，其配偶离开的可能性也较高。在这种情况下，祖父母往往最终替代父母成为养育者。

那么，这种隔代抚养的情况是否可持续，对于在一段时期无法承担亲职能力的父母，或者离开重组家庭的母亲，如何看待他们的角色，养育人的观点和立场是否等同于儿童的立场。

面对这些疑问，我们认为：首先，恢复并保持高墙内的父母的亲职能力，

---

① 劳拉·E. 伯克. 伯克毕生发展心理学：从0岁到青少年［M］. 4版. 陈会昌，等，译. 北京：中国人民大学出版社，2014：430-444.

是家庭功能恢复的重要一环；其次，父母回归后，养育责任需要有意识地从祖父母"移交"到父/母手上；最后，引导"离开"的另一方父/母最大限度地履行自己的角色。

为什么这么说呢？首先，从家庭的角度来看，家庭是一个家庭成员互相影响、相互关联的系统，每个家庭成员在家庭中都有其特定的角色和功能。当某个家庭成员从系统中缺失的时候，其功能会由系统中的另一个成员来补充；而家庭系统并不完全是有形的，家庭成员不再与家人居住，不代表其角色和功能就完全从家庭中消失，而是可以通过其他方式继续发挥其功能。因此，即使父母不能与孩子居住在一起，仍然可以通过电话、书信等方式来承担自己作为父母的责任。其次，从"助人自助"的社工理念来看，社工工作的目的是让人本来的社会功能得到恢复，而不是减弱，因此，不论是在高墙内，还是在家庭中，最大限度地支持父母，使其亲职能力得到恢复，是社工应该做的事情。再次，从儿童权利的角度来说，儿童有权利为自己发声。如何看待自己的父母，如何处理与他们的关系，应该根据儿童的发展阶段引导他们发声。最后，从依恋理论的角度来看，儿童与其早期（0～3 岁）养育人的关系对其一生都有重大影响，形成安全型依恋关系对儿童成年后建立亲密关系有重要影响，因此，如何理解离开自己的早期的养育人的行为，并与其达成和解，对于儿童成年后的亲密关系的建立有重要影响。

从民事责任层面，2021 年生效的民法典第二十七条明确规定："父母是未成年子女的监护人。"不论是在高墙内还是在另一个家庭中，父母对子女的监护权是不会改变的（特定原因监护权被剥夺除外）。因此，不论从法律层面，还是从家庭系统和儿童心理情绪发展层面，父母对子女的监护能力都有必要得到保障和增强。

那么，社工服务要如何做呢？除了鼓励高墙内外的家长和孩子继续保持联系外，在父母回归家庭后，我们也会鼓励之前长期承担养育职责的祖父母，学会一步步放手，将养育孙辈的责任交还给自己的子女，社工也要将联络的对象从之前的养育人转移至回归的养育人；另外，对于已经离开的另一方父/母，社工可以与家庭一起探讨其离开的原因及与儿童现在的关系，评估亲子关系修复的可能性并按照个案工作的方式提供服务。

6. 服务分层：救助与服务

作为一家主要服务未成年人的社工机构，我们曾被问道："你们与××机构（同样是服务困境儿童的一家社会组织）有什么不同?"当时我的回复不外乎是"我们看重社会工作的伦理和原则"。其实，过了一两年后我才发现，当初我被问到的，是一个服务层级的问题。

根据马斯洛的需求层级理论，人类需要先生存，再发展。生存层面的需求往往需要由基本的物质资源来满足，比较容易被发现，也比较容易被满足；而发展层面的需求，则不容易评估，也不容易在短期内看到干预后的结果。上文我们曾用"症状"和"病理"这两个概念来比喻"处境中的直接需求"与"系统性的深层原因"。这里，我想用"包扎"一词来比喻社工针对服务对象生存层面的需求的处理方式，比如资源链接、危机干预；而针对服务对象发展层面的需求，则往往需要中长期的介入，我想用"治理"来形容社工在此阶段的工作。

作为主要提供个案服务的社工组织，我们需要明晰的是我们的工作属于哪一个层级，并评估我们的团队是否有足够匹配的能力和资源来提供所在层级的服务。如果机构不能提供相匹配的服务或者资源，则需要考虑将服务对象转介至其需求能得到满足的机构或者部门。因此，清楚明白自己能力和资源的边界，对于一个团队来说非常重要。

经过这几年的服务，我们团队逐渐清楚：我们所提供的是社工服务，而不是社会救助。社工能协助服务对象申请并使用政府和社会资源，这是个案管理部分的内容，需要所在系统有足够的资源来保证；而家庭关系修复、同辈群体融入等问题，则是发展性问题，这部分是个案服务的内容，对社工个人的个案工作能力有一定的要求。主管需要根据自己团队社工的不同背景和能力，作出合适的判断和合理的安排。

（三）服务的理论基础

1. 生态系统理论

生态系统理论是我们服务的基本理论依据。每一个人与其所在的家庭、社会环境，以及他/她所处的地区、时代等，处于不断互动、彼此影响之中。

我们以个案服务为主要服务方式，在评估的部分，会首先评估儿童青少年的家庭环境，她/他与养育人的关系、养育人的养育方式、家庭成员之间的关系、家庭的主要支持系统、家庭与儿童青少年所在学校的关系、儿童青少年的同辈关系，以及家庭是否已申请基本的政策帮扶等。将家庭放在生态系统中之后，能够比较直观地评估出儿童的基本需求是否能得到保障，以及家庭是否有足够的资源和能力来满足这一需求。若生态系统中有资源尚未使用，社工的职责是帮助家庭建立或者增强与资源的联系；若生态系统中有一些资源是缺乏的，社工的职责是将系统外的资源引入家庭所在的系统中，成为家庭的资源。

除了在微观和中观层面联络和建立资源外，社工也有在宏观层面进行政策引导的职责。在过去的几年中，我们在实践中发现：为了保证涉案家庭的未成年人能得到及时的服务，需要在司法和行政制度中增加未成年人保护的视角和机制。对于涉嫌刑事犯罪的家庭，需要在刑事司法程序中增加对犯罪嫌疑人的未成年子女是否需要社会救助及社工服务的调查/询问程序；对于被强制隔离戒毒的家庭，也需要在其行政强制措施中增加相应的调查和转介程序。进行政策倡导也是我们团队的主要使命之一，具体内容此不赘述。

2. 家庭系统理论、结构家庭治疗及家庭生命周期

家庭系统理论由美国著名心理治疗专家默里·鲍恩（Murray Bowen）教授提出，家庭系统理论认为家庭是一个系统，个人的情绪和行为可以在家庭系统中得到解读，治疗的重点与家庭系统有关。鲍恩发展出了8个互相联系的概念：自我分化、三角关系、核心家庭情感过程、家庭投射过程、跨代传递过程、兄弟姐妹位置、情感阻断和社会生活方面的情感过程等。

结构家庭治疗法的创始人是萨尔瓦多·曼纽琴（Salvador Minuchin），该治疗法的基本理念是：家庭是有结构的，以角色、功能、权利架构组织起来，家庭成员之间必须有明确的分工、界限和组织结构，才能正常运作；家庭成员的问题是家庭结构问题的反映，服务者需要关注家庭成员之间的沟通方式，是否有重复出现的家庭历程，家庭子系统的存在和功能，家庭内部子系统之间的边界，家庭系统与外部系统之间的边界，以及家庭中是否有不良的家庭结构，比如纠缠、脱钩、联合对抗、三角关系、倒三角关系等。

在我们的实际工作中，社工借鉴的是家庭系统理论和结构家庭治疗法中

的理念和某些工具，而不是进行严格意义上的家庭系统治疗和结构家庭治疗。在我们服务的家庭中，社工常常关注的是家庭中的子系统和三角缠，比如养育人之间因为教育理念不同，而导致其中一方与儿童结盟来对抗另一方。另外，强制戒毒人员/服刑人员回归家庭后，如何重建他（们）与子女之间的亲子关系的系统，也涉及家庭内部系统、家庭成员角色的重建和澄清。回归家庭的父母可能会觉得祖父母仍然在侵犯自己与子女之间的子系统；而长期承担养育职责的祖父母则有可能因为对回归者的能力表示不信任（尤其是针对有过毒品成瘾史的家庭成员）而仍然承担养育人的角色。如何根据不同的阶段在家庭中重建适合的子系统，是社工需要持续关注的方面。

家庭生命周期是20世纪30年代初期由一些社会学家和经济学家提出来的概念，它认为家庭跟个体一样，也经历着从诞生、发展直至消亡的过程，在每一个具体的阶段，都有特别的发展任务，需要家庭成员的相互配合和调整；若重点的发展任务不能得到很好的执行，或家庭不能因各阶段之间的转折而作出相应的调整，会造成家庭关系的紧张且会影响下一阶段的家庭生活。①

从家庭生命周期的角度来看，家庭有建立期、繁殖期、空巢期、完结期等不同阶段，在不同的阶段，作为家庭核心系统的夫妻双方的角色和职责有阶段性的变化。对于限制人身自由人员家庭来说，因为一方父/母入狱，另一方父/母离开，养育孙辈往往变成祖父母的职责。对于本应进入空巢期，颐养天年的祖父母来说，他们需要重新承担养育下一代的责任，再加上老年人常常面临的养老、医疗问题，需要足够的社会支持才能保证其角色功能的发挥。因此，如何支持未成年人的现有养育人，理解他们的处境，并联络适合的资源，是社工进行个案干预时需要考虑的问题。

3. 埃里克森的心理社会发展理论

根据埃里克森的心理发展理论，人在每一个阶段都有特殊的目标、任务和冲突，如果个体能处理好这些，便会顺利地进入下一阶段，而处理不好，则会影响之后的生活。游戏期（3至7岁）的儿童开始寻求家庭之外的世界

---

① 彭华民，徐愫．人类行为与社会环境［M］．北京：高等教育出版社，2016：58－60.

的发展，学龄期（7 至 12 岁）的儿童需要在获得社会和学习技能方面感觉到自信，青年期（12 至 18 岁）的青少年面临的是“同一性”的危机，期望在“我是谁”这个问题上获得对自我身份的确定；成年早期（18 至 30 岁）的年轻人面临与他人建立亲密关系的需求，需要培养建立亲密关系的能力，而在那之后的成年期（30 岁至 60 岁）则开始在社会中确立自己的位置，建立家庭，养育后代；老年期（60 岁之后）的人们则着重于寻求个人人生目标是否完成及个人的人生意义。①

在服务的过程中，社工需要根据服务对象的年龄对其角色和发展阶段所面临的任务和困难进行评估，并根据评估的结果跟家庭探讨服务的目标和计划。因为团队的服务是以儿童为核心，以家庭为系统，所以社工需要考虑 CIP 在不同年龄阶段的需求，并将其纳入评估的范围。对于学龄期的儿童，如何协助其养育人帮助儿童培养良好的习惯，增强其自我效能感，是社工需要考虑的；对于青少年，如何使其建立合适的自我认知、妥善处理同辈关系，也是社工可以通过不同的方式来协助的。

4. 创伤视角与抗逆力

创伤（trauma）是我们在服务中需要时常考虑的因素，在一个家庭中，父/母忽然被逮捕/强制隔离戒毒，是带有突发性的，并且可能会带来精神创伤；除此之外，另一方父/母的离开，对儿童来说，可能是更大的创伤，会让儿童产生被抛弃的感觉。面对这些创伤性事件，人通常会作出身体、认知、情绪和行为上的应激反应，若不能及时提供危机干预，这些应激反应可能会演变成创伤后应激障碍（Post - traumatic Stress Disorder，PTSD），需要长期的带有创伤治疗视角的干预。因此，社工需要了解创伤对人的影响，在个案工作中评估创伤对服务对象的影响，并将创伤疗愈的理念和技术融合在个案工作中。

社工除了需要对创伤有敏锐的察觉和及时的评估外，也需要在服务中注重抗逆力（resilience）的提升。抗逆力意即抵御逆境、抗击压力的能力。抗逆力的视角提出后，欧美学者对其进行了大量的、卓有成效的探索。1990 年

① 彭华民，徐愫. 人类行为与社会环境［M］. 北京：高等教育出版社，2016：55 - 58.

理查森（Richardson）及其同事们提出了“抗逆力模型”（resilience model），其研究表明：个体自身或者环境中的保护因素是影响抗逆力形成和生命历程的决定性条件。内在的保护因素与个人自身具有的心理能力和人格特质有关；而外在保护因素则与个体以外的环境中的某些特定因素有关。家庭中的保护因素包括：家庭结构适当（子女不超过 4 人）、照顾者有积极的持家理念、母子分离少、幼年时受到足够关注、母亲的工作压力适当、青少年时期在家庭中的角色适当、家庭凝聚力强、亲戚朋友的多代联结、压力性事件较少等；学校、同辈群体和社区生活中，三项指标对形成保护性外在环境至关重要：一是生活环境富有关怀，至少获得一位成人的关心和爱护，使个体体验过被爱的幸福；二是被给予积极期望；三是提供参与机会，在社会活动、集体生活中，有参与的机会，并能在其中发挥作用，个人才能得到体现。①

因此，在我们的服务中，我们试图从家庭和同辈群体这两个系统中增加形成抗逆力的保护因素，比如，在家庭层面，评估家庭与亲戚朋友的关系，鼓励养育人增加与核心家庭之外的支持系统的链接；在同辈群体层面，通过同质性支持小组和主题营会，在活动中为青少年提供参与的机会，肯定青少年的优势，并给予积极期望。此外，因为看到青少年生活中得到至少一位成人的关心和爱护的重要性，除了支持养育人之外，我们也尽量为每一位青少年链接一位同性别的成年志愿者，在社工结案后继续对青少年提供关怀和支持。

① 隋玉杰，杨静．个案工作［M］．北京：中国人民大学出版社，2007：289 - 299.

第二章　服务的提供

一、服务手法

（一）个案管理

个案管理其实应该属于个案服务的一种，但是因为在本土环境中个案管理存在特别的处境和挑战，且为了清楚划分个案工作的层级性，所以笔者特别将个案管理单列为一个服务手法。个案管理本质上是社工根据服务家庭的需求，在评估了其主要的挑战、困难、需求、资源和障碍后，与家庭一起制订目标和计划，并调动系统中的资源，协助服务家庭完成计划中的步骤、达成目标。在社工服务中，从事个案管理的社工（或称个案管理员）一般不需要提供临床层面的个案服务，但社工需要有熟练的中观系统工作能力，并能够从中观和宏观系统中调动资源。

我们发现，对于社工来说，调动民间的社会资源和社区、街道、学校级别的资源，在目前的阶段是相对容易的。但是，如果涉及学籍、户口这类问题，机构需要提供较大的支持和督导来帮助社工对接不同的政府职能部门。

（二）个案服务

在上一章，笔者提到团队的“服务分层”的原则和理念，针对马斯洛需求理论中的生存和安全需求，除危机干预外，社工用个案管理的方式基本上能达成目标[①]。个案管理的基本流程和技巧对一线社工来说是比较容易掌握的，而针对

① 危机干预对社工的个案能力要求较高，因此，在笔者的团队中，危机干预一般由机构督导和经验较丰富的社工提供。

服务对象的情感与归属、尊严和自我实现的需求，则往往需要较长时间的个案服务。社工需要根据评估的结果，选择合适的理论基础和适合服务家庭的工具提供干预。

在评估部分，我们会着重于两个方面：CIP 本人的身体、情绪、心理、行为、人际关系、与其被限制人身自由的父母的关系；CIP 的养育人的亲职能力、家庭经济状况、家庭主要支持系统及养育人与 CIP 的被限制人身自由的父母之间的关系。在本书的第四章中，我们会通过典型案例的描述，分享我们团队个案服务的基本方式。

个案服务中，家庭关系修复是一个重要的服务模块，它包括多种关系的修复：第一类，限制人身自由人员与其未成年子女关系的修复；第二类，限制人身自由人员与其家庭成员之间的关系修复；第三类，CIP 与其离开家庭的另一方父母之间的关系修复。在我们目前的实践中，我们主要做的是协助第一类关系的修复，协助第二类和第三类的关系修复仍然在探索中。

针对限制人身自由人员与其未成年子女之间的关系修复，我们秉持的基本理念是："真相比想象更重要"及"即使在高墙内，人仍然可以做一个好父/母"。在实践中，我们会与家庭讨论保持亲子沟通的不同方式，比如探视、亲情电话、书信和视频通话等。每一种联系方式都有其特点、优势和局限性，社工会根据家庭的意愿和特点来协助家庭选择不同的方式。在这些不同的方式中，书信联系因其本身成本低、双方都可邮寄、可收藏、书写条件不受限制、形式多样、可传递口头表述不便分享的内容等特点，在家庭关系修复中具有独特的功能，且能成为社工进行系统式家庭治疗的辅助工具，促进限制人身自由人员与其子女之间的双向沟通，此不赘述。

（三）同质性支持小组及向导服务

小组工作是团队在个案工作之外开发的服务，主要目的是为限制人身自由人员未成年子女提供同质性支持小组，所以，小组的形式并不是治疗性小组，而是通过在小组中组织一些活动，促进儿童和青少年的抗逆力、自尊水平和自我效能感的提升。小组工作其实也是我们的向导服务的基础。向导服务的主要目的是通过为青少年在家庭之外链接一位能长期支持、关怀他们的同性成人志愿者，以提升青少年的抗逆力。因此，每次小组活动，我们都会邀请志愿者参加，在促进青少年之间彼此联络的基础上，促进青少年和志愿者的彼此了解，为之后匹配成人向导做准备。本书的主要内容是个案服务，关于小组工作和向导服务的具体内容和案例，将在今后寻求合适的时机提炼成文。

二、团队角色

（一）服务提供者和行动研究者

社工是服务的直接提供者，这是毋庸置疑的。但是，我也常常提醒团队：不要替代服务家庭的角色，因为我们的出现是短暂的，社工出现在家庭中的目的是他们今后不再需要社会工作服务。

在实践中，社工曾有过各种各样的困惑："孩子的爸爸好像在复吸，我该不该举报?""孩子父母已经被判刑了，但是在跟家庭交流的过程中我觉得他们还有一些隐瞒的事情没坦白，我该怎么办？该仔细问问然后举报吗？该向谁举报?""我想帮服务家庭申请司法救助，但是他们家庭关系特别复杂，养育人经常变化，我该以谁的名义申请?"

以上的问题其实都涉及社工角色的明确。作为提供儿童家庭服务的社工，我们同时是强制报告责任人，需要在服务中谨记未成年人保护的责任。关于强制报告，首先，社工的强制报告责任是针对未成年人可能受到侵害的情况的，而不是成年人吸毒犯罪的情况的。其次，针对服务家庭中的民事关系和可能的民事纠纷，社工需要有基本的法律常识，但提供建议的人应该是律师。为了确保儿童的权益，社工需要经常关注其养育人的状态，但是，社工并不需要将司法矫正、社区戒毒的任务放在自己的肩上。如果未成年人的家长有毒品成瘾的问题，降低复吸率是家长所对接的戒毒社工的目标；服务未成年人的社工，首要的责任是确保即使家长复吸，其子女仍然有一个安全稳定的养育人或者自然支持系统。

此外，作为服务提供者，我们也可以成为研究者。社会工作本身就是一门实践性的学科，其研究应该基于实践，也服务于实践。实践者在实践中产生的困惑，结合服务对象的需求，可以成为很好的研究议题或者研究兴趣的出发点。

（二）政策倡导者与社工教育者

作为实践提供者，我们在服务中有一个很深的体会：虽然我们已经探索出针对这一群体的服务流程，但是，能够使服务对象受益的前提是有及时的个案转介机制。在我们服务的这几年中，除了直接提供服务外，个案转介渠道的拓展，也是我们的重要工作。我们认为：能够使限制人身自由人员未成年子女的权益得到及时保护的前提是这一群体的需求能尽快被发现。因此，在司法程序中确保犯罪嫌疑人的未成年子女的权益得到保障，是紧急且必要的。为了达到这一目的，我们在服务的过程中，不断与司法机关、民政部门进行沟通，通过定期座谈、举办小型研讨会、申请承接政府购买项目等方式，将这一群体的需求及部门联动的建议向上反馈给政府部门。我们也希望借着由下到上的呼吁，最终带来从上到下的制度更新。

作为社会工作机构，我们同时也为社会工作专业学生提供实践的机会，让他们在实践中理解社会工作伦理、理论和技能。我常常跟团队说：社会工作是一门实践性很强的专业，就像医生一样，只有见过一个又一个的案例，才能渐渐抓住感觉。期待在将来，我们作为社会工作机构，能够在社会工作教育上有更多的心得。

三、服务管理方式

（一）服务质量管理

在我们目前的服务中，服务质量的管理主要通过三种方式进行：直接观察和参与服务、通过督导会议间接了解服务进展、通过档案监测服务质量。

直接观察和参与服务是督导针对新手社工和复杂个案采取的方式，在我们提供服务的初期，督导参与了绝大多数的个案服务，在不同阶段通过“我做你看、我做你补充、你做我补充、你做我看”的不同方式，在服务中训练社工，并督导社工的服务。

督导会议则是在社工开始独立工作之后，采用得较多的方式。督导会议分为集体督导和一对一督导会议，社工需要将自己负责的个案近期的进展、所处的阶段、已经采取的干预、效果、接下来的计划报告给督导，并提出自己觉得困难的地方，督导根据社工的阶段给予直接建议或启发性的提示。除了由督导给予建议的方式外，朋辈督导也是可以考虑的形式。督导提前与某位社工沟通，邀请社工分享自己服务的个案中所遇到的复杂情况，或分享自己干预的进展和经验，其他社工给予不同的反馈和建议。朋辈督导的前提是所参与的社工都有一定的经验，能提出有建设性的意见。

通过档案监测服务质量也是我们团队广泛采取的方式。在我们的团队中，有一句话大家都很熟悉："没被记录下来的都没发生。"这句话听起来有点极端，但是，这样说的目的是要提醒社工：及时、准确、客观的服务记录是呈现服务内容的主要方式。服务记录应该是社工、主管和服务机构被监督和问责的主要依据。在我们的团队中，督导通过批阅社工的服务记录、阅读社工的月度个案进展报告，抽查服务档案并督促团队定期对服务档案进行审计的方式来监督服务的质量。如果督导在阅读社工服务记录的过程中发现社工的服务存在伦理问题或者在流程和技巧上存在提升的空间，会直接在服务报告的督导意见栏批示，并在督导会议中提醒社工改进。

（二）反思及建议

笔者发现，在目前的社会工作服务中，有一个现象是"服务项目化"，资方对服务质量的评价常常是看项目计划书里承诺的工作量是否达到。对此，我的回应是：首先，用项目的方式来购买和提供服务是能理解的，但若从社会工作的伦理出发，并不是最合适的。因为社会工作看重服务对象与社工之间的关系，且以服务对象本身的权益为核心。在当下，项目往往以投标的方式邀请社工机构申请，若中标的机构不同，其服务的方式和提供服务的人员就会发生改变，这对于"关系为本"的社会工作是比较有挑战的；其次，人的需求是有层级的，而且人的改变是需要时间的，很难做到像医学领域一样，在规定的疗程内，服用多少剂量的药品就可以达到效果。人所处的微观、中观和宏观环境，无时无刻不在对人产生影响，因此，有可能会发生项目周期结束但人的需求仍然没有被解决的情况。在这种情况下，因项目周期结束而不再提供服务，存在一定的伦理问题。最后，服务的产出不等于服务的成果。社工无法保证通过10次的家访就能够完全解决一个家庭的问题，协助家庭达成其目标。当然，如果基本的服务数量都达不到，服务的效果可能也很难达到。因此，在我们的团队中，我会避免用“项目”这个词，而是用“服务”来称呼我们目前做的事情。因为项目有周期，而服务却是可以根据服务对象的需求，通过调动机构本身的资源，来灵活设置服务周期的。

除了以项目产出量来衡量服务质量以外，目前还有一个现象是“以活动照片”作为服务的痕迹记录。笔者能够理解一定数量的、具有典型意义的照片对于传递信息的重要意义，但是，如果服务的照片成为记录服务的重要数据和方式，我个人是反对的。首先，随意拍摄和使用照片存在法律问题，需要取得服务对象的授权；其次，这种做法需要考虑其伦理问题，社工服务本质上存在服务对象与服务机构之间的权利不对等，如何确保服务对象同意被拍摄是完全自愿的？最后，如何保证拍摄照片不影响提供服务的过程？因此，我的建议是，如果是处于危机中的服务对象，提供危机干预的社工应尽量避免拍摄照片；提供与创伤有关的疗愈服务时，也应避免拍照，连社工记录的动作都要注意不要引起服务对象的不适；如果需要拍照，也尽量选取不引人注意的角度，不干扰服务的进行。其实，所有这些问题的背后，我们需要反思的问题是：为何照片成为主要的服务痕迹？如何让资方信任社工？是否有更好的、符合法律和伦理规范的方式来记录服务，来进行宣传和倡导？如何确保资方的监管能力和社工的执行能力能满足这样的要求？

四、评估

社工服务评估分为过程评估和效果评估两个部分。

（一）过程评估

过程评估的要点是：服务方案的监测、操作过程的监测和时间监测[①]。

---

① 隋玉杰，杨静．个案工作［M］．北京：中国人民大学出版社，2007：429－420.

每次小组服务结束后，团队都会进行复盘，评估过程中的方案、伦理、流程和成本（时间、人力及费用）。个案服务的评估较多着重于服务效果的评估，对过程的评估难于对小组活动的评估。

针对个案服务的过程评估，团队比较关注的是伦理问题。督导在批阅社工服务记录时，若发现有伦理的问题，会在个别督导和例会上提出，并通过案例进行伦理探讨。在服务时间的监测上，督导主要通过社工提交的月度个案进展报告监督服务的时间。

（二）效果评估

在服务的过程中，我们对个案服务效果的评估有以下几种方式：中期评估、结案前评估、结案报告、服务对象反馈报告。中期评估的主要目的在于评估服务家庭所设立的目标和服务计划是否按照计划完成；结案前评估的主要目的在于评估服务家庭是否已达成目标或已获得达成目标的能力和资源；结案报告由社工完成，而服务反馈报告则由社工在结案时通过观察、访谈服务家庭，结合服务过程的内容完成。

小组工作效果评估的主要方式包括：观察服务对象的行为表现、服务对象的反馈表及复盘会议。

在这几年的服务中，我们发现，服务家庭的改变主要在以下几个方面：CIP 现任养育人的社会资源增加、现任养育人的亲职能力提升、CIP 的同辈支持增加、CIP 对其父母入狱事件的理解和认知逐渐清晰、CIP 应对情绪危机的能力和资源增加。在第四章中，我们会通过案例来展示发生改变的过程。

第三章　挑战与反思

一、个案转介机制的挑战

在上一章，笔者分享了团队在部门联动和转介制度推进中的尝试。其实，个案转介机制是我们在服务中面临的最大挑战。在我们的服务中，团队一直需要花精力和时间去走访街道、拜访社区，宣传我们的服务，使在社区里的家庭能联络我们，或者得到有关部门和其他社工机构的转介。我们的个案来源主要包括：社区和街道的民政部门转介、有需求家庭主动寻求帮助、由服务家庭之间口口相传、由检察院和公安局转介等。虽然有这些不同的转介渠道，但是，转介的渠道并不稳定，仍有大量的有需求家庭并不了解机构所提供的服务和资源。

转介渠道不稳定的原因包括：公众本身对社工的角色和职能不清晰，不清楚社工能做什么；机构虽然在民政部门注册，具有承接和提供社会服务的资质，但是因为服务的核心群体是未成年人，所以，除非是与机构比较熟悉的街道和社区，其他街道和社区对于转介个案给社工机构仍然比较犹豫；另外，这些家庭一般都比较隐蔽，一般不主动寻求所在社区的帮助。

基于以上的原因，我们的建议是：第一，司法机关在刑事司法程序中增加对犯罪嫌疑人未成年子女基本情况的调查，并将基本信息传送至当地的未成年人保护中心的信息系统，若有未成年人因为其父母被逮捕而产生监护缺失的情况，当地的未成年人保护中心应该立即启动救助程序，确保未成年人的基本权益得到保障，并在评估后委托并授权社工机构提供后续的社工服务；对于并未产生监护缺失的家庭，未成年人保护中心也可以委托并授权社工机构联系涉案家庭，评估其是否有接受社工服务的必要和需求。第二，对于强制隔离戒毒人员的家庭，可以由采取强制隔离戒毒措施的有关部门采取同样的措施。第三，以上的服务应纳入政府购买服务的系统，确保服务的可持续性。

二、社工专业能力的挑战

个案服务对社工的能力要求是很高的。社工机构可以在梳理经验的基础上，总结出服务的流程，并对服务的频次、产出和质量提出要求。但是，人的需求是跟微观、中观、宏观环境不断互动而变化的，社工需要按照个案工作的流程和评估的结果，根据与服务家庭协商的目标以及服务的理念，选择合适的工具。这些内容都需要社工能够根据个案工作的原则和所处的环境，作出及时的判断和行动。这种临床工作的能力需要有足够多的个案服务经验和充足的督导支持。但是，在目前的行业环境中，因为社工机构薪酬待遇与其他行业相比没有明显的竞争力，且行业本身仍然存在自我认知不足和定位不准的问题，所以，社工专业的毕业生流失严重，专业社工和督导的数量不足，社工机构的团队稳定性常常面临挑战。在目前政府购买项目多半不支持人员工资的情况下，社工机构需要有持续的现金流来支持团队的服务和机构的运营，对机构的筹款能力是一个挑战。

因此，想要提升行业标准，政府购买部门需要在资源和宏观的环境方面，提供更有利于社工行业发展的空间。

案例篇

第四章　家庭系统理论及结构家庭治疗法理论支持下的个案工作

服务未成年人时，其所生活的家庭工作是社工工作的重点。家庭系统理论是我们在进行个案工作时会参考的理论。我们并不像家庭治疗师一样开展治疗性的工作，而是将家庭看作有子系统的系统，注意系统中家庭成员的角色和关系，以及家庭内部成员之间的关系给整个家庭系统带来的影响力。我们想要通过接下来的三个案例，来展示在个案工作中如何以系统的角度来看待服务对象的需求，并通过社工调动系统内外的资源，使服务对象的需求得到满足。

案例一：“他就比一个孤儿强一点”

——监护缺失的成长之痛

复和社工　李佳俪

一、基本资料

服务对象姓名：小飞（化名）

性别：男

年龄：14 岁

二、个案来源

接案时间：2017 年 8 月

接案途径：该服务对象为服刑人员未成年子女，是由本地一所儿童救助机构转介而来。社工第一次与服务对象接触是在转介机构举办的探监活动中，社工与转介机构的工作人员陪同服务对象、服务对象的哥哥，以及服务对象的姑姑一起前往监狱探望服务对象的父亲，并初步与服务对象建立关系，之后社工对服务对象及其家庭正式开展社工服务。

三、个案背景资料

背景内容	具体情况
引发/重要事件	2011 年小飞的父亲因非暴力型犯罪，被判处有期徒刑 15 年。小飞的母亲因其父亲被判刑入狱受到较大打击，罹患了精神疾病，曾入院接受治疗。父亲入狱时小飞年仅 9 岁，小飞的哥哥 14 岁。小飞的哥哥在其父亲入狱后不久便辍学外出打工，小飞则暂时由大伯抚养照顾
服务对象个人的基本情况	1. 健康状况：小飞的身体和精神健康状况均良好 2. 与监护人关系：小飞与其监护人（母亲）及养育人（大伯）的关系良好 3. 学业情况：中等偏下，小飞在学习方面缺乏兴趣和指导 4. 人际关系：一般，小飞在学校朋友较少，曾受到同学欺凌
监护人/养育人基本状况	1. 小飞母亲（监护人）：在接受治疗之后，其精神状况所有好转，基本生活能够自理，但是在对小飞的照顾和管教方面的能力仍然较为欠缺 2. 小飞大伯（养育人）：已年过七十，身体状况一般，目前独自居住，其住处离小飞家不远。虽然大伯的家人反对他抚养小飞，但是大伯还是坚持在小飞父亲入狱后，独自抚养照顾小飞。大伯主要是在生活方面为小飞提供支持，但在对小飞学业方面的引导和行为方面的管教仍有不足 3. 小飞哥哥（养育人）：小飞的哥哥在社工服务介入之前是处于长期在外打工很少回家的状态。在服务介入之后，社工经过长期跟进和引导，小飞的哥哥于 2019 年 9 月决定搬回家住，并主动承担起照顾母亲和小飞的责任，但对小飞行为偏差问题的应对以及自身的亲职能力还需要社工及外部的支持
服务对象家庭的基本状况	1. 安全状况：家庭居住条件较差，安全状况一般 2. 经济状况：家庭的经济条件一般，家中只有小飞哥哥有相对稳定的工作收入，小飞大伯有一些打零工的收入。另外，小飞家属于精准扶贫对象，有低保和临时救助，小飞还可领取事实无人抚养儿童补贴 3. 家庭成员关系：良好，但是小飞平常跟家人的沟通较少 4. 家庭自然支持系统：大伯为小飞家提供一定的经济支持和基本的生活照料；小飞的大姑逢年过节会给予一些经济支持；小飞的二伯据了解未提供支持
服务对象与在刑家人的关系状况	1. 联系方式及频次：小飞与父亲之间主要通过探监和书信的方式联系。小飞至今一共去监狱探望过父亲两次，平均两年一次。书信联系方面，一开始小飞是每月给父亲写一封信，但后期频率逐渐降低 2. 小飞与在刑家人间的关系：良好，小飞表示希望见到父亲，并愿意写信联系父亲

四、问题分析

（一）理论分析

社工通过家庭系统理论的视角来分析和理解服务对象家庭面临的问题和需求。家庭系统理论强调家庭作为一个系统，家庭成员在其中相互依赖、相互影响，系统中任何一名成员的改变都会影响其他成员。家庭系统中又包含着很多子系统（如夫妻、亲子、兄弟姐妹等子系统），这些子系统是相互联结的，并发挥各自独特的功能，以保持家庭系统内部的平衡，使整个家庭系统能够稳定运作和发展。任何家庭成员或家庭子系统发生改变或出现问题，都会对系统内的其他成员、子系统乃至整个家庭系统产生影响。因此，当某个家庭成员的情绪、心理和行为出现问题时，需要通过与家庭系统的工作来共同解决①。

（二）问题界定

小飞的父亲被判刑入狱是这个家庭中发生的重大变故，给整个家庭系统及其中的每个家庭成员都带来了严重的危机并产生了深刻的影响。在小飞的家庭系统中，由于小飞父亲的缺位使原有的家庭结构发生改变。小飞父亲在家庭中所承担的各种角色及相应的职能也随之缺失，因此阻碍了各个家庭子系统正常功能的发挥，并且各子系统之间的互动关系也受到影响，从而破坏了整个家庭系统的平衡稳定，阻碍了个体成员的发展。小飞自身及其家庭的具体问题界定如下。

1. 小飞个人层面的问题

（1）个人卫生较差，生活照料不足：由于父亲入狱，母亲出现精神问题，因此小飞的父母无法履行对小飞的照顾及监护责任。为了弥补小飞父母职能的缺失，小飞的大伯主动承担起了小飞养育人的角色，负责照顾小飞及小飞母亲的日常生活，为他们提供基本的生活物资。但是小飞大伯已年过七旬，

---

① 隋玉杰，杨静．个案工作［M］．北京：中国人民大学出版社，2007：354．

身体状况欠佳，因此为小飞提供的生活照料有限，导致小飞的个人卫生状况较差。

（2）受到校园欺凌，产生行为偏差：因为特殊的家庭情况，小飞在学校经常受到同学欺凌。小飞个性较强，又不甘受欺负，因此遇到冲突常常使用暴力来解决。这样的恶性循环导致小飞在学校频繁出现越轨行为，包括打架、逃学、夜不归宿等。而小飞大伯作为主要养育人，对小飞的管教能力不足，无法在小飞的学习和行为方面提供足够的支持和引导，造成小飞的行为偏差问题得不到有效的解决。

2. 小飞家庭层面的问题

（1）经济状况：小飞父亲入狱造成家庭的主要劳动力缺失，小飞母亲因患病也基本失去劳动能力，导致家庭收入来源被迫中断，家庭经济状况陷入困难。

（2）家庭功能：小飞父亲的缺位使整个家庭系统失衡，家庭功能受损。主要表现在夫妻、亲子子系统的功能发挥受损，即小飞母亲患病后无人照顾，小飞及小飞的哥哥缺乏监管和照料等。

（3）家庭关系：小飞父亲入狱后对其他家庭成员间的关系也产生了一定影响。因母亲患病无法照顾小飞，因此小飞搬去与大伯同住；小飞的哥哥则辍学外出打工，很少回家探望母亲和弟弟，家庭成员间的关系日渐疏远。

五、个案服务目标及服务计划

（一）个案服务目标

服务对象自身目标：学业提升；自我形象改善；行为偏差状况改善。

服务对象家庭目标：提高监护人/养育人的亲职能力；促进家庭成员间密切关系；修复服务对象家庭与在刑家人间的关系，促进书信沟通和自主探监。

（二）服务计划

介入阶段	主要内容	介入方式	负责人
第一阶段：2017 年 8 月—2018 年 10 月	1. 与小飞及其家庭建立互信的专业关系；评估小飞及其家庭的困难和需求 2. 链接相关的社区及社会服务资源，为小飞在基本的生活及学业方面提供支持和帮助 3. 提升养育人的亲职能力：通过参与亲子工作坊，增进小飞与大伯之间的关系，同时促进小飞大伯亲职能力提升 4. 促进小飞与在刑父亲间的关系：带领小飞家庭探监，并鼓励小飞给父亲写信，促进沟通，增强父子联结	个案工作，亲子工作坊	社工，小飞大伯
第二阶段：2018 年 11 月—2019 年 8 月	1. 针对小飞的个人目标：在学业方面帮助小飞补课以提高成绩，在自我形象改善和行为偏差纠正方面协助小飞大伯加强对小飞的引导和管教 2. 提升养育人的亲职能力：继续协助小飞大伯提升对小飞的监护和管教能力，同时为小飞家链接资源以弥补大伯监护能力不足的缺陷 3. 促进家庭成员关系：与小飞的哥哥联系，促进其与家人的联结，特别是对小飞的支持，使其能够同小飞大伯一起承担对小飞的监护和照料责任 4. 与在刑父亲间的关系：继续鼓励小飞给父亲写信，增进彼此间的沟通和联结	个案工作，个案管理	社工，小飞大伯，小飞哥哥
第三阶段：2019 年 9 月—2020 年 11 月	1. 针对小飞的行为偏差问题：重点跟进小飞的学习情况及在校表现，协助小飞哥哥与学校联合加强对小飞行为方面的监督和管教 2. 提升养育人的亲职能力：小飞哥哥是小飞现阶段主要的养育人，帮助其提升亲职能力，并对接适合的志愿者为小飞家庭提供长期陪伴与支持 3. 与在刑家人间关系：促使小飞家自主探监，鼓励小飞保持与父亲间的书信沟通 4. 资源链接：协助小飞家申请司法救助，并链接社区资源，使家庭在经济、物质方面实现稳定自足	个案工作，个案管理	社工，小飞哥哥

续表

介入阶段	主要内容	介入方式	负责人
结案阶段：2020 年 12 月—2021 年 3 月	1. 与小飞家庭探讨结案阶段相关事项 2. 为小飞哥哥链接志愿者资源，以帮助其巩固和提升亲职能力 3. 巩固小飞及其家庭与在刑家人的沟通和联结 4. 结束服务，处理离别情绪	个案工作，个案管理	社工，小飞哥哥

六、阶段性服务记录

时间	方式	主要事项	介入重点及结果
2017 年 9 月 23 日	家访	接案，首次家访与服务对象家庭面谈，了解服务对象家庭的生活状况、成员间关系及互动情况，并初步评估服务对象及服务对象家庭的问题和需求	1. 通过家访，社工能够更直观地看到小飞实际的生活环境、家庭境况，以及与监护人的互动情况 2. 社工在与小飞聊天和游戏互动的过程中与小飞更加亲近，从而使社工和小飞之间初步建立起了信任关系 3. 通过观察和沟通，初步评估小飞及其家庭面临的问题和需求
2018 年 5 月 5 日	家访	1. 了解服务对象及服务对象家庭的近况 2. 带服务对象去洗澡、理发 3. 陪伴服务对象外出，促进服务关系的建立 4. 鼓励服务对象给父亲写信	1. 社工发现小飞从大伯家搬回自己家与母亲同住了，但是小飞却愿意自己住在阴暗潮湿的地下室，不愿住在楼上的房间，具体原因小飞不肯告诉社工 2. 社工在之前的家访中发现小飞的个人卫生情况相较其他同龄孩子有明显的差距，因此社工提议带小飞去理发或者洗澡，但是被小飞拒绝，于是社工选择尊重小飞的决定 3. 为了与小飞建立更加信任的关系，社工提议让小飞带社工去外面玩，于是小飞带社工去了附近自己经常玩耍的地方。在玩耍和交流的过程中，小飞慢慢放松下来对社工更加敞开心扉，也越来越信任社工 4. 在社工的鼓励和陪伴下小飞当场给父亲写了一封信，然后同意由社工帮忙将信寄给父亲

续表

时间	方式	主要事项	介入重点及结果
2018 年 7—8 月	家访、夏令营	1. 跟进了解服务对象近期学习情况及行为表现 2. 了解服务对象及养育人对于参加夏令营的意愿 3. 了解服务对象家庭是否愿意再去探监，以及参与亲子活动	1. 社工了解到小飞在学校受到同学欺负，由于小飞本身个性较强，因此会选择与欺负他的人打架；在学业方面，小飞的英语成绩较差，针对英语学习，社工协助小飞一起制订了学习计划，并陪伴和监督小飞的执行情况 2. 小飞及小飞大伯都同意参加夏令营；但在夏令营中，有人给小飞起外号，小飞就使用暴力解决问题；夏令营结束后，社工发现小飞在个人卫生方面有一定改善，开始自己洗脸、剪指甲等 3. 社工询问小飞大伯关于 8 月再次探监以及参与机构亲子活动的意愿，小飞和大伯均表示同意，并希望这次探监能带上小飞的母亲一起去
2018 年 9 月—2019 年 2 月	家访、电话	1. 继续跟进了解服务对象生活情况，在个人卫生和学业方面给予引导和支持 2. 协助服务对象大伯提升对服务对象的照料和管教能力 3. 联系服务对象哥哥，鼓励其常回家及与家人联系，并为服务对象提供支持	1. 2018 年年底，小飞出现逃学和离家出走的情况；在学习方面，小飞并未按照之前与社工一起制订的学习计划执行；鉴于小飞即将升入初中，于是社工提议帮小飞补习功课，每两周一次，小飞也同意补课的计划 2. 由于小飞大伯对小飞的管教方式仅限于打骂，因此社工通过邀请小飞大伯参加亲子工作坊来帮助其提升亲职能力 3. 鉴于小飞大伯的年纪和能力情况，无法对小飞提供足够的监管，因此社工希望将小飞哥哥带回家庭系统中，与小飞大伯一起承担小飞的监护和管教责任
2019 年 3 月 26 日	面谈	初次与服务对象哥哥面谈，从服务对象哥哥的角度了解服务对象的情况，并鼓励服务对象哥哥在服务对象的学习方面进行监督并提供支持	1. 通过与小飞哥哥的沟通，社工了解到小飞哥哥在小飞心里还是很有威信的，小飞比较害怕哥哥，因此会听哥哥的话 2. 小飞哥哥表示相比小飞的学习成绩更担心小飞会学坏，不走正路 3. 社工希望在帮助小飞提升学习成绩方面与小飞哥哥结盟，因此鼓励小飞哥哥为小飞多提供支持和监管，小飞哥哥表示同意

续表

时间	方式	主要事项	介人重点及结果
2019年 4—8月	家访、 电话	1. 继续帮助服务对象补习功课，并了解服务对象及其养育人对服务对象升入初中的打算 2. 为服务对象的大伯和哥哥在对服务对象的监护能力方面提供支持和引导 3. 继续促进服务对象与在刑父亲之间的沟通和联系	1. 小飞对于社工为其补课的计划表现得不是很积极，在经过两次补习之后小飞就不再配合补习计划的执行了。于是社工转变工作方式，让小飞自己来制订学习计划，与小飞一起探讨升学的打算，并鼓励小飞努力去考自己想去的学校，希望能够以此调动小飞自身的学习动力；另外，社工还联系了小飞的班主任，开始与学校紧密配合一起帮助小飞提高成绩 2. 针对小飞出现的偏差行为和沉迷手机游戏的情况，社工在协助小飞大伯和哥哥加强对小飞的监管的同时，评估将小飞送去市里小飞大姑那边上中学的可能性；社工经过咨询了解及与小飞大姑沟通，由于户籍和转学政策等原因，放弃了让小飞去市里上中学的方案 3. 社工积极联系小飞父亲所在监狱，了解视频会见的可能性，再次确定亲子探监等事宜，以期促进小飞及家人与小飞父亲的联系
2019年 9—12月	家访、 电话	1. 跟进了解服务对象进入初中后的在校表现及行为偏差问题 2. 协助服务对象哥哥重新融入家庭系统，提升其亲职能力 3. 促进家庭关系修复，鼓励服务对象继续给父亲写信，并支持服务对象家庭自主探监	1. 小飞升入初中后，在新学校的适应较快，但仍会出现打架的情况，小飞自己说是和同学闹着玩；社工认为小飞的同辈关系和行为问题需要持续关注和干预 2. 在社工的鼓励和引导下，小飞哥哥决定搬回家住并在家附近找工作，这样能够照顾母亲和小飞；社工也将接下来工作的侧重点放在协助小飞哥哥提升亲职能力上，使小飞哥哥成为家庭中稳定的监护人，承担起家中主要的照料和监护责任 3. 社工继续鼓励小飞给父亲写信，同时鼓励小飞哥哥自己联系父亲所在监狱的管教，然后带小飞去探监，目的是为了给小飞哥哥赋能，促进其实现自主探监

续表

时间	方式	主要事项	介入重点及结果
2020 年 1—3 月	家访、微信	1. 了解服务对象家庭在疫情期间的生活情况，以及与父亲的联系情况 2. 跟进了解服务对象疫情期间的学习和生活情况	1. 小飞一家在疫情期间的基本生活需求都能够得到保证，但是由于封村，导致小飞不能去给父亲寄信 2. 疫情期间，小飞是在家使用手机上网课
2020 年 4—12 月	家访、微信	1. 持续跟进了解服务对象的在校表现 2. 继续协助服务对象哥哥提升亲职能力 3. 跟进服务对象家庭与在刑父亲的联系情况及探监计划 4. 为服务对象家庭链接资源	1. 小飞 4 月开学，社工了解到小飞在上初中后学会了抽烟，常常参与打群架，有一次还把同学的肋骨打断了，因此被学校勒令在家反省一周；社工用相似的案例向小飞说明打架斗殴的严重性和可能的后果，让小飞能引以为戒 2. 社工通过小飞哥哥了解到小飞是因为向同学借钱不成才动手打人的，而且也发现小飞偷拿哥哥的钱，哥哥对小飞的行为感到气愤的同时又担心小飞走上歧路；社工鼓励小飞哥哥多和小飞沟通，分享自己相似的经历，增进与小飞的联结，并主动跟小飞的班主任联系及时了解小飞在学校的情况，增强对小飞的监管 3. 由于疫情的影响，监狱方面一直没有开放探监，因此小飞家庭也无法前去探监 4. 社工帮助小飞家链接到检察院司法救助资源，并协助其进行申请，以帮助小飞家减轻经济负担
2021 年 1—3 月	家访、微信	计划结案，并为服务对象哥哥链接志愿者资源，为其在管教服务对象及个人成长方面提供支持和陪伴	社工对小飞哥哥解释了结案的原因和方式，总结了家庭目标的达成情况，并肯定了小飞哥哥为家庭付出的努力以及获得的能力和成长；另外，社工还了解了小飞哥哥对于志愿者的具体需求和想法，以便社工能为其匹配到适合的志愿者人选

七、评估

（一）介入效果评估

经过社工3年多的服务，小飞一家的整体状况已趋于稳定。家庭居住状况良好，无安全隐患。经济方面，家庭已有较稳定的收入来源。家庭成员之间的关系也比较稳定，与在监家人的关系良好，能够通过书信和电话保持联系，并且能够进行自主探监。在服务对象方面，小飞的身体及精神健康状况良好；学业表现一般，在校仍有行为偏差问题。小飞的监护情况良好，小飞哥哥能够承担主要的监护责任，但其对小飞的管教方式和亲职能力还需要一定的外部支持。

从该个案的目标达成情况来看，前期为小飞家庭制定的三个目标已基本达成，小飞自身的目标尚未完全达成，但小飞各方面状况均有一定改善。鉴于目前小飞身边已经有了稳定的监护人即小飞哥哥，且哥哥目前已经有能力为小飞提供持续稳定的支持和监管，因此小飞的问题就可以交由小飞哥哥来处理。出于为小飞家庭增能的目的，社工此时就可以从家庭系统中撤出，只需要为小飞哥哥在管教小飞及亲职能力方面提供一定支持即可。关于这一点，社工计划帮小飞哥哥对接一位合适的志愿者，为其在管教小飞及自身的成长方面提供支持和陪伴。但是由于机构志愿者资源有限，目前还未匹配到合适的人选，后期会继续为小飞哥哥寻找和对接合适的志愿者。

（二）介入过程评估

回顾和梳理该个案的整个服务过程，该个案的介入重点是解决小飞生活照料和监管不足的问题，而这一问题的核心是由于小飞父亲的缺位，母亲患病而导致小飞的监护缺失。因此小飞家需要有合适的人来代替小飞父母的角色，履行家庭中照顾者和监护人的职能，为小飞提供稳定持续的照料和监护，这样才能从根本上缓解小飞的个人卫生、行为偏差等问题。

因此社工在服务过程中，先是为小飞大伯提供支持，使其能够更好地为小飞提供照料和监护。但是随着服务的推进，社工意识到小飞大伯已经上了年纪且身体状况欠佳，无法长期承担家中监护人的角色，因此社工转而开始尝试鼓励和引导已经成年的小飞哥哥重新回归家庭，替代小飞大伯承担起家庭的监护责任。在后面两年的服务中，社工通过支持引导并为小飞哥哥赋能的方式，使其有能力胜任家庭照顾者的角色，并逐渐成为小飞稳定的监护人，从而解决了小飞监管不足的问题。

另外，从家庭系统的视角来看，小飞哥哥的回归，弥补了家庭结构中父亲角色的缺位。小飞哥哥承担起了家中父亲角色所对应的职能，使整个家庭系统能够重新运作起来，并维持相对平衡的状态。因此在服务后期，社工看到当小飞家的家庭系统开始恢复并发挥其正常功能时，对于身处系统中的每个家庭成员都产生了正向积极的影响。

八、社工服务反思

正如评估部分提到的，该个案的服务重点在于解决服务对象生活照料和监管不足的问题。但是在服务的第一阶段，社工却花费了大量时间和精力在与服务对象建立关系和解决服务对象自身的问题上，包括想办法改善服务对象的个人卫生状况和自我形象，亲自给服务对象补课以帮助其提升学习成绩，以及帮助处理和解决服务对象的行为偏差问题等。但是，在社工做了很多工作和努力之后却发现服务对象表现得并不积极甚至完全不配合，因此收效甚微，社工对于这样的结果也很苦恼。后来，经过与督导的深入探讨，社工意识到要以该个案的整个家庭作为服务对象，从家庭系统的角度思考如何解决服务对象整个家庭以及个人的问题和需求，而不是只盯着服务对象个人层面的问题。

对于服务对象自身的问题和需求，督导还提醒社工需要特别关注服务对象所处的年龄阶段的身心发展特点及其特定的需求和问题，从而能够更有针对性地与服务对象一起设立目标，制订服务方案，更有效地开展服务。另外，督导还强调，在服务过程中社工不应该比服务对象更“努力”，而是要想办法调动服务对象及其整个家庭的主动性，让他们成为解决自身问题的主体。社工的角色应该是针对服务对象家庭的赋能者和链接资源的协调者，而不应成为替服务对象家庭解决问题，事事包办的“保姆”。

案例二：跨过铁篱修复的父子亲情

——如何通过书信修复亲子关系

复和实习生　赵芳[①]

一、基本资料

服务对象姓名：小华（化名）
性别：男
年龄：10 岁

二、个案来源

该个案是由服务对象家庭居住辖区内的未成年人保护中心转介。

三、个案背景资料

小华的父亲在小华 4 岁时入狱服刑，母亲离开，小华主要由爷爷奶奶照顾。小华的爷爷在小华 9 岁时过世，之后小华与奶奶一起生活，平时与大伯一家也时常联系，感情较好。小华已知父亲在监狱服刑，但因为小华父亲入狱原因比较特殊，带有一定的羞耻感，所以小华的家人目前尚未对他解释其父入狱的原因。小华性格较为内向，与家人沟通情况一般。

四、问题分析

（一）养育人的监护能力及潜在的监护缺失风险

1. 家庭经济情况

小华爷爷奶奶身体状况较差，无法从事高强度的工作，所以家庭收入微

① 赵芳，西北大学哲学学院社会工作专业硕士研究生，2020 年 3 月—2020 年 12 月在复和实习。本案例由赵芳根据服务记录整理完成。

薄且不稳定。

2. 养育人身体状况不稳定带来的监护缺失风险

小华爷爷奶奶的健康状况不良——奶奶患有高血压、高血脂、脑梗等疾病，经常需要依靠药物或住院治疗，小华的爷爷在社工提供服务期间病逝，生前患有比较严重的疾病，每天依靠药物维持并且不能从事繁重的工作。

（二）家庭成员关系重建和职能修复

1. 小华与父亲之间的亲子关系修复

小华的家庭系统如图 4－1 所示。

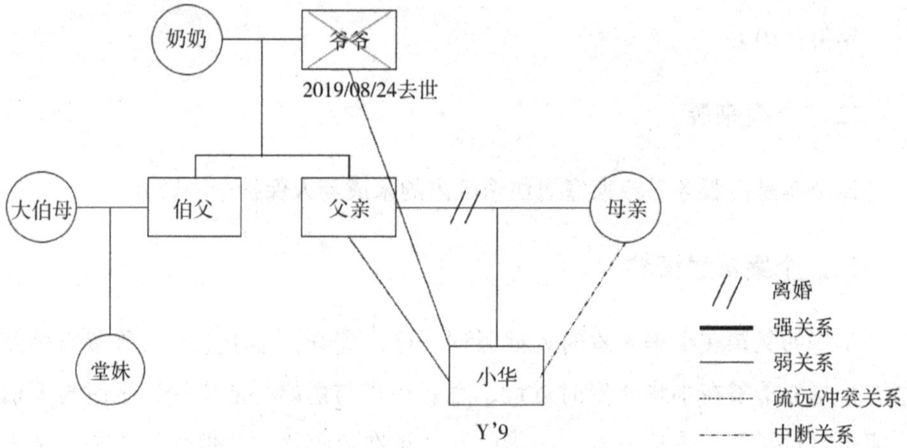

图 4－1　小华的家庭系统图

小华父亲入狱，母亲离开，导致祖父母被迫长期承担小华的监护责任，替代其父母承担养育人的角色。此外，由于小华年纪尚小，父亲入狱时间很久，他与父亲之间的关系比较疏离，而且两人之间的互动往往需要依靠重要他人来完成。比如：小华自己没有电话，父亲打电话过来的时候，需要依靠养育人才能与父亲通话；探视父亲也需要小华的婶婶或者社工开车带小华去。在主观意愿上，小华本身对于主动与父亲联络的意愿并不高，电话和探监时，小华与父亲时常会陷入无话可说的境地（父亲最常说的一句话是："听奶奶的话"），因此，小华与父亲关系的重建，需要依靠第三方的协助来完成。

2. 小华父亲的亲职能力

社工在服务过程中发现小华经常以哭泣的方式进行情绪宣泄，加上小华自己的行为举止的特点，在学校曾被男生称为“娘娘腔”。社工并不担心小华的性别认同，也不希望小华受到社会性别中的刻板印象的影响，但是社工担忧“娘娘腔”的标签会给小华的同辈关系带来困扰。

小华的父亲常年不在小华的身边，爷爷去世后，小华的生活中缺少同性别成年人的示范和榜样作用。小华正处于青春期生长阶段，他的心理和生理发育都需要一位适龄男性的引导，在这种情况下，使小华的父亲能够在孩子的成长过程中提供一定的陪伴和引导，是非常重要的。

五、个案服务目标及服务计划

（一）个案服务目标

帮助服务家庭获得养育小华所需的资源；帮助养育人提升监护能力；推动小华与其在监狱服刑父亲的关系修复。

（二）服务计划

1. 主要介入方式

个案管理：针对小华家庭经济收入和养育人身体状况不稳定的情况，社工服务计划中要确保服务家庭有养育小华必需的基本资源，包括当地针对困境儿童的福利政策和家庭的自然支持系统。

探监活动：该项活动是小华与在服刑父亲近距离接触的唯一渠道，对亲子关系改善意义重大。服务期间，除了为小华安排“零距离”的亲子会见机会外，社工也推动服务家庭自主探监，以确保在服务结束后家庭的探监活动能持续。

书信往来：社工除了推动小华与父亲主动通信之外（后期小华与父亲之间的通信频次保持在每月一次），社工与小华的父亲也保持着书信往来，帮助他了解小华的成长状况。

亲子工作坊：除个案服务外，社工也邀请小华及其养育人参加机构举办的亲子工作坊和主题性户外活动，通过亲子活动促进小华和养育人之间的情感连接，也为小华的奶奶提供同辈支持。

2. 介入理论

马斯洛需求层次理论：西方心理学家马斯洛将人的需求分为五个层次，即生理需求、安全需求、归属与爱的需求、尊重需求和自我实现的需求，这五个层次的需求呈金字塔状，层级由低到高，只有当低层次的需求得到基本满足后才能关注并致力于满足高一层次的需要。[①] 社工首先关注和评估的是小华的生理需求和安全需求，例如食物和居住安全等。在这个层级社工采取的介入方式是确保服务家庭享有针对困境儿童的福利，并确保他们有稳定的社会支持系统。在此基础上，针对小华与其父亲之间的关系修复，社工通过探监和书信联系，帮助小华与其父亲重建情感连接。

家庭系统理论：家庭系统理论的主要观点有：第一，家庭是一个整体，家庭成员之间的情绪活动相互联系，彼此影响。个人与家庭的情绪分离程度将影响其人格的独立性。第二，家庭系统中的情感过程会在家庭模式中持续发生作用，慢性焦虑等情绪会在代际长期传递。第三，家庭系统中存在维护平衡的动力法则，家庭中儿童出现的“问题”，既反映了家庭成员关系中的“问题”，也可能是因维持系统之间某种平衡而产生[②]。社工在应对小华面临的困境时，发现这些困境与他所处的家庭环境以及家庭成员有密切关系。小华父亲长期不在家中，其职能由小华爷爷承担，但小华与爷爷的关系较为疏离。社工从家庭系统里各个家庭成员的角色和职能入手，在一段时间内成为连接小华与其父亲的桥梁，后再从系统中撤出，以确保小华父亲在服务结束后能继续发挥其作为父亲的职能。

依恋理论：强调父母—儿童间过去的依恋关系对个人的人格与社会理解力的影响。其核心观点认为个体从出生起就开始寻求与依恋对象的亲近，建立情感联结以防御危险，提高生存的机会。儿童与父母的亲密关系形塑了个体人格，因此个体低自尊、人际关系问题、亲子关系问题、在成人亲密关系

---

① 彭华民，徐愫．人类行为与社会环境［M］．北京：高等教育出版社，2016：25.

② Bowen Murphy. Family therapy in clinical practice［M］. New York：Jason Aronson，1978：44.

中的焦虑等问题都可以回溯到个体的依恋关系历史中①。小华从小失去父亲与母亲的陪伴，依恋关系被迫中断，社工发现小华的诸多困境都源自缺失的依恋关系，例如被邻居小孩嘲笑或欺负时不敢反抗，自身缺乏安全感。社工设计亲子活动也是基于能够促进儿童与家人依恋关系的建立，例如亲子游戏中亲子肢体的接触，可以增加亲子亲密度并建立亲子信任关系等。在服务的中后期，社工推动的小华与其父亲之间的书信联系，也在一定程度上帮助小华与其父亲重建了依恋关系。

3. 介入计划

介入阶段	时间	目的	内容	负责人
初期阶段	2017 年 11 月 — 2018 年 11 月	1. 建立服务关系 2. 评估服务对象安全和家庭环境；评估家庭关系	1. 小华与社工相互熟识，建立信任关系 2. 了解小华的困境，评估家庭需求	社工、小华的养育人
中期阶段	2019 年 1 月 — 2019 年 9 月	1. 确保服务家庭有足够的资源养育小华 2. 对小华的家庭关系进行介入，增加小华与其父亲之间的交流	1. 社工跟进服务家庭的补助申请及发放情况，评估服务家庭自然支持系统 2. 社工成为连接小华与其父亲之间的桥梁，一方面鼓励小华与其父亲保持通信；另一方面社工将观察到的小华的行为和表现通过书信告知小华的父亲，鼓励他通过书信或者电话，与小华就某些特定问题进行沟通	社工、小华、小华的父亲和奶奶
后期阶段	2019 年 11 月 — 2020 年 3 月	巩固介入成果，减少干预行为	社工将督促小华给父亲写信的任务移交至小华的奶奶手中，鼓励奶奶多观察小华与其父的情感反馈	社工、小华的奶奶
结案	2020 年 4 月	结束服务，处理离别情绪	社工鼓励服务家庭继续已培养的书信往来习惯，并告知如果后续出现其他问题也可以向社工求助	社工、小华、小华的父亲及奶奶

① Bowlby John. Attachment and Loss：Retrospect and Prospect［J］. American journal of Orthopsychiatry，1984，52（4）：664－678.

六、阶段性服务记录

时间	方式	主要介入方式及结果
2017 年 12 月—2019 年 1 月	亲子探监、家访及电话跟进	1. 社工与家庭建立服务关系 2. 社工带小华去参加亲子探监，双方在探监时很亲密，但从小华探监前会因为探监的时间与看电视的时间冲突而想要取消探监的表现来看，其与父亲的关系需要引导。在后来的家访中，小华表示自己不想写信给父亲，但是愿意帮助奶奶给父亲写信 3. 资源链接：服务家庭已经在享受相应的政策。对于社工介绍的其他资源，服务家庭表示暂时并不需要
2019 年 3—4 月	家访 电话跟进	1. 社工评估了服务家庭的自然支持系统，了解到小华大伯家对小华一家非常支持 2. 社工了解了小华爷爷奶奶的身体情况后，与奶奶沟通了紧急情况下家庭的应急计划
2019 年 5—7 月	家访 电话跟进 书信往来	1. 社工帮助小华奶奶了解青春期孩童会出现的一些情况，辅助其做好应对准备，鼓励奶奶主动沟通 2. 奶奶提到小华由于性格原因，不太乐意与人正面沟通交流，但是对写信这种方式比较接受，社工鼓励了他们的做法。后来，小华在奶奶的催促下，于 5 月、6 月、7 月分别给父亲寄去一封信 3. 经服务家庭同意后，社工给小华的父亲寄信，介绍了一些提升亲职能力的材料。小华父亲收到信后提供了正面的反馈意见
2019 年 9—12 月	家访、电话、亲子活动	1. 因小华爷爷忽然过世，社工跟进了家庭在突发事件后的应对情况并发现服务家庭应对哀伤过程比较顺利且对家庭生活并未产生重大影响 2. 社工评估了小华与其父亲之间的互动，发现家庭在探监的事情上已有自然支持系统的支持 3. 小华的父亲表示希望与小华保持通信关系。社工一方面在家访中协助小华给父亲写信，另一方面将自己观察到的情况分享给小华父亲，鼓励双方多联系。小华父亲一一回信，并表示自己会按照社工的建议执行 4. 社工在家访时与小华的大伯一家谈到对小华的观察，鼓励大伯一家多对小华进行引导

续表

时间	方式	主要介入方式及结果
2020 年 1—4 月	探监、家访、电话 书信	1. 春节前社工带服务家庭去探监，并了解到他们对探监的感受 2. 跟进了解服务家庭在疫情期间的主要需求，了解到他们基本需求都得到保障 3. 小华的父亲在此期间主要通过电话与小华沟通，小华对父亲不给自己回信的行为表示失望，后社工给小华父亲写信，告知小华的心情，小华父亲表示了解了及时回信的重要性
2020 年 5—6 月	家访 电话 书信（与小华父亲）	1. 跟进小华父子之间的书信联系，了解到小华保持了与其父亲通信的习惯 2. 告知服务家庭结案时间及计划，并通过书信告知小华父亲。小华父亲对社工的付出和努力表示感谢

七、评估

（一）介入效果评估

该个案有三个主要的目标：帮助服务家庭获得养育小华所需的资源、帮助养育人提升监护能力，及推动小华与其在监狱服刑的父亲修复关系。

在帮助服务家庭获得资源方面，社工做的事情主要是确保服务家庭落实了本地关于困境儿童的基本政策。服务家庭有比较好的自然支持系统，社工评估后找机会与其自然支持系统（小华大伯一家）见面并鼓励他们在某些方面给予小华更多的关注。

在帮助养育人提升监护能力方面，因为养育人身体不好，所以社工做的事情主要是帮助养育人制订应急计划。在与服务家庭讨论了应急计划后，小华的爷爷忽然过世，奶奶独自养育小华，社工跟进后发现奶奶能够执行其养育人的职能。

在推动小华与其在监狱服刑的父亲关系修复方面，社工做的事情主要是推动双方的书信联系。从一开始小华并不是很愿意写信，到后期逐渐保持了每月与其父通信一封的频次。

（二）介入过程评估

小华的父亲在小华4岁时便入狱，父子之间联系较少。因为服务家庭去探监的次数有限，所以在服务的中后期，社工将主要的精力放在促进父子间的书信往来上。社工介入的方式主要有四点：一是鼓励养育人督促小华写信给父亲。二是社工给小华的父亲写信，告知小华成长近况，并鼓励他通过书信或者电话多与小华沟通。三是在父子间的沟通出现障碍的时候，社工成为中间人并协助小华的父亲了解孩子的需求。四是在小华与父亲之间建立了相对稳定的书信联系后，社工退出。

由此可见，书信只是工具而已，社工工作的主要理念，是将小华父亲作为父亲的职能通过书信再次发挥出来，使不能住在一起的家人仍然在同一个系统中彼此连接。

八、社工服务反思

社工需要推动依恋关系的建立。限制人身自由人员入狱之时，其未成年子女如果年龄过小，双方可能会错过最佳的建立依恋关系时期，并且根据量刑时间不同，后期这些缺少的亲密陪伴也很难修补回来，养育者温暖的怀抱、对婴儿的抚摸、充满爱的注视和回应，都是儿童在婴幼儿时期不可或缺的依恋联结。案例中小华的父亲入狱时小华只有4岁，第一次探监是在6岁，虽已经产生了对父亲的朦胧印象，但不足以支撑他在这之后成长过程中的需求。

从推动亲子关系修复的角度，应该根据现实情况鼓励服刑人员家庭采用灵活的方式促进亲子交流。限制人身自由人员入狱之后，与家人面对面交流的机会有限，且容易受到家庭成员的探监意愿、监狱距离家庭地理位置的远近及外部环境（比如疫情）的影响。因此，“开发”不同的交流方式，是必要的。在本个案中，社工将书信作为工具，一步步地协助父子双方的亲子关系修复，令人颇受鼓舞。

在本个案中，仍然有一件重要的事情需要解决，那就是小华的养育人一直未曾向小华解释其父入狱的原因。社工曾经邀请一位背景相似的青少年在家长小组中分享自己的经历。该青少年曾表示真相应该由家人而非外人告知，对此家长们都纷纷表示赞同。虽然结案前，小华的奶奶仍然表示没有到必须跟小华解释真相的时候，但社工相信促进改变的种子已经播下，等待时机便会结果。

九、督导点评

在该个案的服务过程中，让人印象深刻的有几件事：

第一，督导是在服务已经进行到一小半的时候加入团队的。在浏览该个案的服务记录时，督导发现社工陷入一个困境：社工与小华比较难建立彼此信任的工作关系。社工去家访的时候，小华不愿意理社工，且认为社工的来访占用了自己看电视的时间。社工一度觉得服务无法进行下去。督导在查看服务记录后，发现社工将服务的焦点放在儿童身上，而不是儿童所在的家庭系统。后来，社工除了关注儿童本身，也开始关注儿童的养育人，评估养育人是否能够给儿童提供一个稳定、安全的生活环境。这是家庭系统理论在社会工作中的运用。

第二，在调整服务系统重心之后，社工发现：因为两位养育人都是老人，而且身体状况都比较差，所以社工需要与服务家庭确认如果养育人身体状况发生重大变化，小华的养育问题。死亡在中国文化里是禁忌，社工犹豫再三后，硬着头皮与服务家庭沟通了此事。没想到，服务家庭对此并没有激烈的反应，而是与社工分享了家庭的计划。这件事令社工和督导都发现：有时候心中的隐忧也许是自己空想出来的。如果社工怀着真诚的关切态度，在彼此信任的关系中，即使谈论死亡这类禁忌话题，也仍然能有正面积极的沟通。其实，这个家庭后来的遭遇（小华的爷爷在2019年过世，但奶奶仍然能独立养育小华）也令我们颇有感慨："鸵鸟心态"是能理解的，但不是解决问题的办法。

十、相关书信往来

社工给小华父亲的信见图4－2。

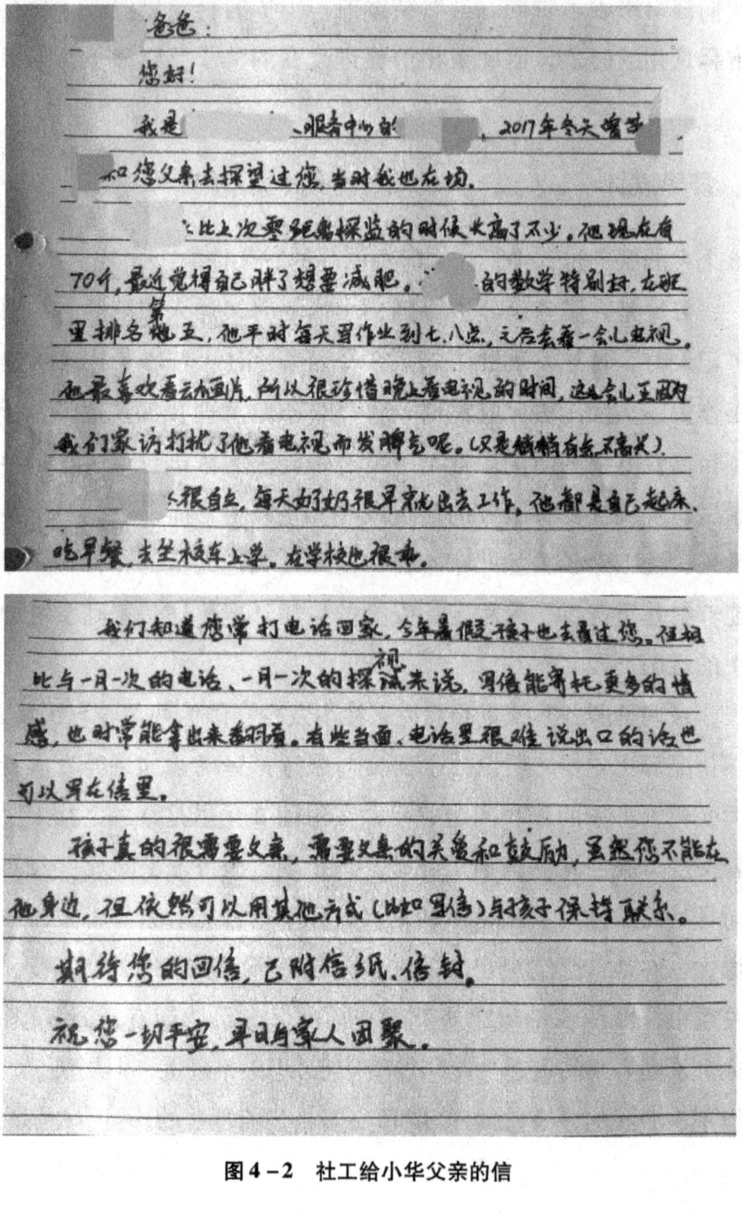

爸爸：

您好！

我是[redacted]服务中心的[redacted]，2017年冬天曾当[redacted]和您父亲去探望过您，当时我也在场。

[redacted]比上次要跟着探监的时候长高了不少，他现在有70斤，最近觉得自己胖了想要减肥。[redacted]的数学特别好，在班里排名第五，他平时每天写作业到七、八点，之后去看一会儿电视。他最喜欢看动画片，所以很珍惜晚上看电视的时间，这会儿正因为我们家访打扰了他看电视而发脾气呢。（只是稍稍有点不高兴）。

[redacted]很自立，每天奶奶很早就出去工作，他都是自己起床，吃早餐，去坐校车上学。在学校也很棒。

我们知道您常打电话回家，今年暑假孩子也去看过您。但相比与一月一次的电话、一月一次的探视来说，写信能寄托更多的情感，也时常能拿出来翻看。有些当面、电话里很难说出口的话也可以写在信里。

孩子真的很需要父亲，需要父亲的关爱和鼓励，虽然您不能在他身边，但依然可以用其他方式（比如写信）与孩子保持联系。

期待您的回信，已附信纸、信封。

祝您一切平安，早日与家人团聚。

图4-2　社工给小华父亲的信

案例三：使他重新“得力”

——归家的“瘾君子”如何继续做一个父亲

复和督导　廖陈林

一、基本资料

服务对象姓名：小星（化名）

性别：女

年龄：9 岁

二、个案来源

本个案由本地未成年人保护中心转介，社工在与未成年人保护中心合作组织的活动上认识服务对象及其养育人，后经未保中心同意，联系服务对象家庭，开始提供服务。

三、个案背景资料

服务对象情况：小星成绩优异，人际交往能力很强，并无行为偏差。小星的父亲多次被强制戒毒，很少在家。小星的奶奶已经去世，小星与爷爷一起生活。

家庭基本关系：小星一家居住在某市郊区。小星的父亲因为长期吸毒，多年处于“戒毒—复吸—戒毒”的循环。小星的母亲早已重组家庭并生育了另一个孩子。小星知道母亲的存在，也经常在寒暑假去外公外婆家居住，但与母亲没有往来。小星的爷爷身体不好，在服务的过程中曾经多次住院。社工服务该家庭一年多后，小星的父亲从强制戒毒所回到家中与家人同住。

家庭经济状况：小星家庭的主要收入是爷爷的退休工资和爷爷打零工所得，小星享受事实无人抚养儿童的补贴（该补贴在小星父亲回家之后停止）。

家庭支持系统：小星的大伯早已成家并育有儿女，并在小星家隔壁做生意。小星的大伯母曾经希望小星搬到自己家中，后未果。除此之外，村里有一些亲戚和熟悉的村民，能够给该家庭提供必要的协助。小星的学校考虑到小星的特殊情况，允许小星住校，免除了小星爷爷接送的负担。

四、问题分析

（一）理论分析

社工根据“家庭系统理论”来分析这个家庭面临的主要问题和处境。

家庭是一个系统，家庭的每一个成员都需要承担其角色所赋予的职能。在小星的家庭中，因为母亲离开，奶奶过世，父亲长期戒毒，所以小星的爷爷承担了小星父母的角色。作为男性，他可以在生活上给予小星基本的照料，但在帮助小星建立性别意识和界限的过程中，难以承担引导和榜样的作用，需要从家庭支持系统中寻找合适的女性来补充这一职能。

因为小星的爷爷长期承担养育人的角色，小星父亲的亲职能力长期处于较弱的状态。在他结束强制戒毒，回到家庭之后，一方面，因为找到的工作薪水不高，难以提供足够的经济支持，其养育女儿、赡养父亲的职能一时无法恢复；另一方面，由于小星的爷爷总是担心小星父亲会复吸，不放心让他承担养育小星的责任，所以他的亲职能力恢复得比较慢。

（二）问题界定

1. 小星的养育问题

在社工接案后，小星的爷爷反复表达出自己对小星未来的忧虑。因为小星的父亲一直处于“戒毒—复吸—戒毒”的循环中，爷爷对小星父亲持悲观态度，总觉得儿子靠不住。另外，小星的爷爷身体不好，爷爷很担心万一自己出状况，没有人抚养小星。

2. 小星的性别意识及界限

家中只有爷爷和小星同住，没有女性。社工在家访时发现小星与爷爷睡在同一张床上。在某次外出活动时，小星穿的衣服非常薄，无法保护其隐私。

3. 小星父亲的亲职能力

小星的父亲长期处于“戒毒—复吸—戒毒”的循环中，很少承担照顾小星的责任。爷爷对小星父亲的状况表示心灰意冷。小星父亲还在戒毒所的时候，小星的爷爷很少联系他；等到小星的父亲结束强制戒毒回到家里，小星的爷爷仍然觉得小星的父亲随时都可能复吸，无法将照顾小星的重任托付给小星的父亲，与小星的父亲很少沟通。因此，小星的父亲在出来后很长一段时间，仍然没有“接手”照顾小星的任务。

五、个案服务目标及服务计划

主要需求	服务目标	介入方法	介入结果	理论背景
小星的爷爷担心小星未来没有稳定的养育人	确保小星有稳定的养育人	1. 链接家庭的自然支持系统——小星的大伯一家，确保小星和爷爷有足够的支持 2. 建立小星爷爷的信心，让他了解相关的困境儿童政策	1. 社工联系到小星的大伯一家，了解大伯一家对抚养小星的态度。大伯一家表示，如果有需要，未来可以承担抚养小星的责任 2. 将目前的困境儿童政策告知小星的爷爷，鼓励他使用中观系统资源	生态系统理论：小星一家虽然只有两个人，但是他们有紧密的中观支持系统，中观系统可以成为家庭的安全保障网络
小星的生活中缺少女性，界限意识不强，在服务初期仍然与爷爷睡一张床	帮助小星与爷爷之间建立健康的性别界限；帮助小星链接成年女性支持角色	1. 评估小星与爷爷同睡的原因和小星爷爷所需的支持 2. 评估小星与其生母恢复关系的可能性 3. 与小星的爷爷讨论帮助小星建立性别界限的重要性和可以使用的资源	1. 小星与爷爷分床睡觉 2. 社工联系小星的母亲未果，遂与小星的爷爷探讨从其自然支持系统中寻找合适的女性角色的可能性 3. 小星的爷爷请村中的女性帮助照顾小星的一些事情	弗洛伊德的性心理发展理论指出：在同性恋期（7～11岁），儿童有与同性别的父亲或者母亲亲近，向其模仿和学习的需求① 生态系统理论：虽然小星没有母亲在家中承担性别引导的角色，但是小星的村中亲戚和邻居能承担部分责任

① 隋玉杰，杨静．个案工作［M］．北京：中国人民大学出版社，2007：223－225.

续表

主要需求	服务目标	介入方法	介入结果	理论背景
小星父亲的亲职能力需要被增强	帮助小星父亲在回归家庭之后承担养育小星的责任	1. 评估小星的爷爷无法信任小星的父亲的原因 2. 在小星的父亲回归家庭前，引导小星通过书信的方式与父亲开始联系，重建父女关系 3. 小星的父亲回归家庭后，社工开始与小星的父亲增加联系，与其探讨小星的相关需求 4. 社工引导小星的爷爷看到小星父亲身上的优点和在照顾小星方面付出的努力 5. 在小星父亲再次被强制戒毒后，扶持小星的爷爷再次承担养育人的角色	1. 小星的父亲回来后，开始在小星大伯的店里工作，并开始逐步承担小星的接送任务，也开始承担作为家长的责任，与学校联系沟通 2. 小星的父亲在服务后期再次被强制戒毒，社工在此阶段主要的责任是巩固之前的工作	优势视角：小星的父亲虽然总是处于“戒毒—复吸—戒毒”的状态，但在某些方面仍承担了照顾小星的责任。社工引导小星的爷爷看到小星父亲的努力，好让爷爷一点点地将照顾小星的责任“转交”给小星的父亲 家庭系统：小星的父亲再次被强制戒毒后，社工引导小星的爷爷重新承担养育人的角色

六、阶段性服务记录

（一）第一阶段：建立关系，确保小星的安全

与小星一家建立关系，评估家中主要的需求，并针对紧急情况及时干预。

社工在家访时看到小星家的二楼施工没有完成，缺少栏杆屏障，而小星经常去楼上玩耍，所以社工与小星爷爷就此讨论了安全计划。

社工发现小星仍然与爷爷睡一张床，开始计划与小星的爷爷讨论让小星独自睡觉的可能性，后爷爷给小星安排了单独的床铺。

社工为小星的爷爷介绍了某戒毒机构，预备小星的父亲回归家庭后接受戒毒治疗。

（二）第二阶段：扶持小星的现有养育人

在与服务对象一家建立服务的关系后，这个阶段社工的主要任务如下：

扶持小星现有的养育人，确保小星有一个稳定的生活环境。小星的爷爷在社工的鼓励下，自己联系了小星的学校，为小星争取到了继续住校的机会。同时，社工也将小星希望住在家里的愿望传递给了小星的爷爷。

社工与服务对象爷爷探索家中的自然支持系统，确保小星能够有一个“安全支持网络”。社工联系到小星的大伯一家，大伯一家表示如有必要，愿意承担小星的养育责任。

考虑到小星这个阶段对于女性角色定位的需求，社工评估了小星与其生母恢复关系的可能性，但小星的母亲并不愿意与小星见面，也不愿意见社工。小星的爷爷表示村里的某些女性村民和亲戚会给小星提供相应的照顾。

因为小星的父亲还有一段时间才会回归家庭，所以社工在这个阶段同时在为小星的父亲回归家庭做准备。小星和爷爷在社工的陪伴下，去探视了父亲，也开始给父亲写信。

（三）第三阶段：养育角色的“交接”

2019 年 7 月，小星的父亲回归家庭，在这个阶段，社工的工作重心开始改变，以下是社工的主要工作内容：

社工开始增加与小星父亲的联络，帮助他建立作为父亲的角色意识；在邀请小星参加机构组织的活动时，社工开始联系小星的父亲，将作决定的权利交给小星的父亲，并将小星的相关情况告知其父，小星的父亲开始根据社工的反馈，回应小星的需求。

社工帮助小星的爷爷与小星的父亲恢复关系，帮助双方完成养育小星职能的交接。小星的父亲开始承担小星的一些养育责任，比如接送小星上学，但小星的父亲在这一阶段的后期开始出现复吸的苗头，并逐渐与家庭失去联系。

（四）第四阶段：巩固服务成果，做好准备应对未来挑战

在这个阶段，服务家庭确认小星的父亲已经因为复吸而再次被强制隔离戒毒了。小星的爷爷觉得失望，之前的担心和对小星父亲的不信任在这个阶段在认知中被强化。在此过程中，社工主要的任务是巩固之前的服务成果，确保小星的爷爷在此情况下能够继续承担自己作为养育人的责任，小星能够逐渐适应父亲再次离家的事实。

在这个阶段，社工主要的介入工作包括以下几方面：

协助小星的爷爷重新申请因小星父亲回家之后而失去的政策补贴。

巩固小星的自然支持系统，促进小星与其大伯一家的关系。

为小星链接合适的同性成人志愿者，使其成为小星成长过程中的榜样。

七、评估

（一）介入效果评估

从介入的效果来看，个案服务的三个目标中，有两个有了明显的效果。通过链接家庭的自然支持系统，小星的爷爷、大伯父一家基本达成了共识：如果爷爷和父亲都无法承担养育小星的责任，小星的大伯父一家将养育小星。因为小星的父亲属于强制戒毒人员，存在复吸的可能性，所以帮助服务对象养育人联络其他家庭成员，为小星建立未来的保障，是非常有必要的。

在帮助小星建立符合其成长阶段的性别意识和人际界限方面，社工与小星的爷爷讨论了人际界限的必要性，评估了家庭的主要支持系统。在这个过程中，社工还试图联系小星的母亲，希望小星的母亲能够参与小星的成长过程。小星母亲的娘家拒绝社工联系小星的母亲，但小星一家在村里的亲戚和朋友可以承担部分职责。

在恢复小星父亲的亲职能力方面，小星的父亲在刚刚回到家庭的时期，逐渐承担了一部分的家庭责任，比如为家中添置家电、给小星买衣服、接送小星、与小星的学校联系等。在服务的后期，小星的父亲因为复吸而再次被强制戒毒，离开家庭，小星的爷爷不得不重新承担起养育小星的责任。未来

仍然有许多的挑战，需要长期的努力。

（二）介入过程评估

小星父亲回到家庭，伴随着家庭系统的改变。在小星的父亲回家之前，社工一直与小星的爷爷、小星和大伯一家沟通，很多的事情推进比较容易。在小星父亲回家之后，其父曾经吸毒的经历给社工带来一定的挑战。两名社工都对与小星的父亲联系表示出忧虑和一定的抗拒。社工担心小星的父亲会因为毒瘾的问题纠缠自己，也担心自己的社会阅历无法应对小星父亲这样复杂背景的服务对象。因此，虽然督导反复强调需要转换思路，多与小星的父亲联系，但社工仍然倾向于联系小星的爷爷，而与小星父亲的联系相对较少，这在一定程度上使服务的节奏推进比较迟缓。

因为服务的时间比较长，所以这个过程中还经历了团队的改变。第一名社工在服务中，因为曾经直接接触过强制戒毒人员，所以有反移情的表现，在面对小星的时候，情感投入较多，在面对小星父亲的时候，担心小星的父亲会纠缠自己。在服务的中期，转由另外一名社工负责此案。该社工所面临的压力是担心自己的社会阅历无法处理小星父亲的诉求，比如担心小星的父亲向自己借钱，或者纠缠自己，所以一度不愿意将自己的真实姓名告知小星的父亲。虽然这些状况后期都得到了解决，但这两名社工的压力和反应，也表现出面对有吸毒史的服务对象，对一线社工来说是一个不小的挑战。

八、社工服务反思

在我们的服务中，帮助限制人身自由的父母维持其亲职能力，并在回归后恢复作为父母的角色和职能，是我们的服务重点。小星的父亲所面临的挑战和需求，以及我们的介入方式，对我们服务其他类似家庭，具有重要的借鉴意义。

在服务这个家庭时，因为涉及养育人的角色转换，社工需要不断地与家庭系统“角力”。在家庭系统中，若一个成员替代另一个成员的职能，另一个成员的职能就得不到锻炼。所以，在小星父亲回归家庭前，社工通过书信让小星与父亲保持联系，让小星与父亲保持情感联结；在小星的父亲回归家庭之后，社工调整了服务的直接对象，不断地提醒、鼓励小星的爷爷将养育小星的责任转移到小星的父亲身上；在关于小星的事情上，主要与小星的父亲联系，让他有意识地“重拾”自己作为父亲的职责。

在服务中，社工需要明确自己的职责和角色。作为儿童服务的社工，责任不是确保小星的父亲不复吸，而是从儿童权益出发，确保小星有稳定的养育人。所以，社工在服务的过程中，既为家庭介绍戒毒的资源，为小星父亲真正脱离毒瘾提供一定的支持，同时，也要确保小星在父亲即使复吸的情况下，仍然能有稳定的生活，因为社工的终极目的并不是保证小星的父亲不复吸。

社工在服务中，曾经跟督导说过这样的话：“如果小星的父亲复吸，我会觉得自己要崩溃了。”为什么社工会有这样的感受呢？部分原因是因为反移情。小星的经历让社工想起自己生活中也曾经出现过的吸毒人员，所以社工不自觉地怀有“救世主情结”，很难接受小星父亲复吸的可能性。其实，社工需要评估的，不是小星父亲最后是否复吸，而是自己的服务是否能够帮助这个家庭在能力和资源上做好准备——即使小星的父亲复吸，小星的生活仍然是稳定的。

在服务的过程中，我们发现，小星的父亲回家之后，当社工询问关于小星的近况时，他露出警惕的神色，回答总是很简短。这些身体语言让社工意识到自己需要调整态度。社工并不是警察，没有权力调查小星父亲回来之后的情况。但是在小星的父亲看来，社工多少与本地政府有一些关系，社工的询问更像调查。在意识到这点之后，社工尽量采用优势视角，肯定小星父亲的付出和努力。这样做之后，小星父亲的态度松弛下来，与社工的关系也缓和了不少。

此外，对于社工来说，人的改变远远难于事情的完成。如上所述，恢复小星父亲的亲职能力，是社工不断地与小星的两位养育人“角力”的结果。在这个过程中，有的时候社工会觉得很煎熬。比如，在邀请小星参加机构组织的活动的时候，联系小星的父亲比联系小星的爷爷难得多，有时候小星的父亲也会直接表示小星的爷爷做决定即可。在这些时候，社工需要暂时放下对“效率”的追求，将恢复小星父亲的能力作为工作的重点。因为使人重新“得力”，乃是社会工作的价值和意义。

案例四：说不出口的真相

——社工如何在复杂的家庭关系中厘清“真相”

复和社工　石冲

一、基本资料

服务对象姓名：小雨（化名）

性别：男

年龄：10 岁

二、个案来源

服务对象主动联系。小雨的父亲和复和事务所服务的另一个服务对象的父亲在同一个监区服刑，两个服务对象的奶奶在去探监的过程中相识后，小雨的奶奶联系了复和社工。2020 年 6 月 13 日，社工和小雨及爷爷奶奶第一次见面。

三、个案背景资料

小雨今年 10 岁，在他不到 1 岁的时候，父母吵架，父亲失手杀死了母亲，被判入狱。小雨目前由爷爷奶奶抚养。在家庭发生变故后，为了脱离之前的环境，防止村里人对孩子说闲话，也为了让小雨有更好的学习环境，爷爷奶奶带着他到城区租房子住。他们隐瞒了小雨父母的真实情况，让他称呼姑父姑姑为爸爸妈妈，但并不与姑姑一家同住。同时，小雨和外公、外婆、舅舅之间也有联系。随着孩子渐渐长大，奶奶发现小雨比同龄人敏感很多。她越来越焦虑，担心谎言随时被揭穿，不知如何应对。

奶奶找到社工，当时唯一的诉求就是想把关于父母的真相告诉小雨，但她不知道怎样告知孩子能减少伤害，期待社工可以用专业的知识帮助她。社工在了解基本情况后接案。

四、问题分析

（一）理论分析

1. 生态系统

本案例适用社会生态系统理论。因为针对 CIP 的服务理念是以服务对象为中心、以家庭为系统，所以本案关注的焦点集中在如何解决家庭成员之间的矛盾以改善和帮助小雨本人。

本案中与服务对象牵扯人员较多，互相之间因为经历、关系生出了各种矛盾和各自的心理问题，但是很多看似不合理的状况和人的反应放在具体的情境中就可以被理解，比如爷爷对于是否告诉小雨真相这件事的矛盾心态、在谈及小雨和他父亲的关系时说话内容前后矛盾等。如果能设身处地地思考爷爷曾经的经历，也就能理解他现在的行为。

2. 优势视角（工作原则）

社工工作的优势视角来源于职业价值观——尊重人的内在价值、人的尊严和自决权。这些价值观运用到实际工作中，即相信所有人都拥有潜在的能量以及改变的可能。同时，社工工作应基于一个基本假设：每个人都是自己生活的专家，具有各自的潜能，他有能够利用的环境资源，在面临挑战时能分析利弊等。这些优势可以成为推动他们朝着成长、控制感和自我实现方向改变的动力。[①]

从优势视角的原则出发，确立了社工坚持“增能为本”的服务模式。在每一个个案的目标设定和具体执行中，社工都会通过各种方式引导他们思考和行动，让他们发现可以靠自己的能力解决生活中的问题。例如，社工看到奶奶身上的“行动力”，就引导奶奶去修复小雨和姑姑的关系；在小雨的时间管理方面，奶奶和姑姑均使用粗放、命令的交流方式，因此小雨会反抗或者沉默，社工在此引导奶奶和姑姑从大原则到小细节深入思考，同时鼓励她们自己摸索着去和小雨交流，结果发现她们可以做到和孩子有效沟通。

① 隋玉杰，杨静．个案工作［M］．北京：中国人民大学出版社，2007：31－51.

（二）问题界定

个案家庭关系如图 4－3 所示。

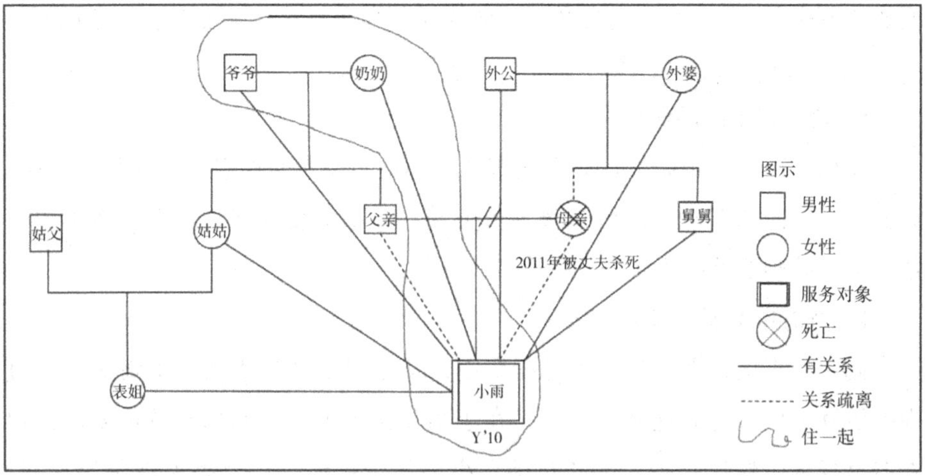

图 4－3　个案家庭关系图谱

这是一个围绕着“父亲杀死母亲”这个真相被隐藏后，诸多谎言引起的错综复杂的家庭关系问题。家庭中具体的关系如下：

1. 父子关系中断

因为爷爷奶奶隐瞒了小雨父亲在监狱服刑的原因和真实情况。小雨在四五岁的时候去监狱探视过父亲一次，当时爷爷告诉他见的人是二爸，就是爸爸（姑父）的弟弟，后来他们之间再也没有联系。

2. 家庭关系认知上的混乱

姑姑被叫妈妈。为了让孩子看起来有一个完整的家，爷爷奶奶对外说小雨父母去外地打工了，对内说姑父姑姑是他的父母。小雨经常去姑姑家，在姑父家的家庭系统中如何称呼其他人是个很大的考验。

3. 爷爷和姑姑的矛盾

在家庭变故刚发生时，姑姑曾建议将小雨送人，她不愿意但被迫承担起了“母亲”的角色；而姑父也并未参与“父亲”这个角色。小雨爷爷在姑姑 18 岁以前常年在外工作，父女之间关系并不亲密，且因为新增角色造成姑姑在自己小家中的为难，所以爷爷和姑姑的关系并不亲密，也时常有矛盾。

4. 爷爷奶奶的矛盾

在小雨爸爸入狱的事情上爷爷一直怨恨奶奶，认为是奶奶的母亲挑拨及折磨坐月子的外孙媳妇，造成小雨父母之间的矛盾，引发了家毁人亡的后果。而奶奶并不这样认为。加上夫妻之间其他的问题和在教育小雨理念上的意见不统一，两人之间经常爆发冲突。

5. 姑姑和小雨的矛盾

姑姑是作为“母亲”的角色出现的，但在每周一两次很短时间的相处中，姑姑对待小雨的态度，严厉管教多于关爱，让小雨没法亲近。在本案中关于使用电脑的问题就成了矛盾的导火索。

6. 奶奶和小雨父亲的矛盾

奶奶一直认为小雨父亲不是很聪明，从小对他各种说教。小雨父亲一直保持沉默，后来远避他乡去打工。在小雨父亲入狱后，奶奶觉得很羞耻，曾在监狱探视中情绪失控，大骂过他。小雨父亲从那以后就拒绝被奶奶探视，也从不给她打电话，至今七八年都没有联系过。

7. 奶奶和小雨的矛盾

奶奶喜欢教导，延续了对小雨父亲的教育方式，并且她很担心孙子重蹈他父亲的覆辙，所以对孩子的要求就更严格。而小雨对奶奶的教导和啰唆有意见但因为年纪小，只能选择无声抗议。他在家访中表示，希望自己变成虫子，在奶奶唠叨的时候，就钻到地下去。

8. 小雨的心理和情绪

奶奶表示，小雨的心既敏感又冷漠，容易发怒，缺乏安全感。小雨三岁多时问姑姑的女儿，他觉得父母亲好像和别人家的父母不太一样，姑姑的女儿告诉他：“那是我的爸爸妈妈，不是你的。”后来小雨再也没问过什么。到底谁才是自己的父母，家人之间彼此心知肚明，但总是遮掩，奶奶和姑姑表示小雨已经知道了实情，担心小雨某一天会爆发。

通过多次对家庭成员的分别评估，奶奶和姑姑的意见在某些方面比较一致，她们认为：只有让真相显露出来，才是解决其他问题的根本；但是爷爷一直不同意将真相告知小雨。社工也发现：奶奶和姑姑对小雨的境况有改变的意愿，但爷爷的态度比较消极，觉得没有必要。除此之外，社工也看到爷爷和奶奶之间的矛盾也持续地影响到小雨的生活、心理、性格等各个方面，而且双方并没有为对方改变的意愿。

针对这个家庭的特点，也本着服务对象自决的原则，我们将告知真相和改善家庭中成人之间的关系这两个问题暂时搁置，先把这个原因衍生出来的其他比较具体、他们愿意先解决的、不那么敏感的问题作为切入点。

五、个案目标及服务计划

以上家庭状况造成此个案的特点是：相关人员较多，目标多且时间交叉。如果以家访的时间线作为记录标准可能会造成阅读困难，故在撰写案例时以目标为分类，有利于读者厘清脉络。

（一）短期目标

小雨享受相关法律和政策福利；改善姑姑和小雨的关系；减少家庭冲突；改善奶奶和爸爸的关系。

（二）长期目标

小雨了解并接受事实真相；重建小雨和爸爸的联系。

（三）服务计划及介入过程

1. 短期目标

目标内容	社工介入过程	结果
目标一：小雨享受相关法律和政策福利	1. 预估需求：了解服务对象家中基本情况，评估其是否享受及是否需要国家相关政策福利支持 2. 制订服务计划：提供“事实无人抚养儿童”的相关政策和司法救助的信息，鼓励小雨的爷爷奶奶自主办理。小雨的爷爷奶奶很积极，很快就准备了相关材料，并提交到当地民政部门 3. 跟进服务计划：及时鼓励支持他们跟进政府部门进度 4. 中期评估：2020 年底，小雨的“事实无人抚养儿童”补助申请已获批准，司法救助款已经下发	已完成

续表

目标内容	社工介入过程	结果
目标二：改善姑姑和小雨关系	1. 预估需求：小雨表示，妈妈（姑姑）总是教训他，对她没法亲近，并不期待见到她；奶奶说，小雨一直没有原谅“妈妈”砸了他的电脑这件事。上次吵架后，他们已经大半年没见过面。通过评估，奶奶有促成他们和好的意愿和能力 2. 制订服务计划：社工鼓励奶奶去征求姑姑的意见，是否愿意和小雨修复关系。如果她愿意，就进一步商讨修复关系的方法。比如，首先就砸电脑的事情向小雨道歉，征得孩子的谅解；调整和孩子谈话的内容和态度，让他感受到“妈妈”的爱和关心 3. 跟进服务计划：接下来的一周内，奶奶打电话过来说跟姑姑谈过了，姑姑表示愿意改变并已经付诸行动。姑姑就砸电脑的事情已经向小雨道歉，也愿意恢复对小雨的定期陪伴，表示每周都会带着好吃的去和他聊天，周末也会更多带小雨出去玩。在随后的跟进中，小雨表示“妈妈”已经向他道歉，他原谅“妈妈”了。但是在其他方面他没看到改变，“妈妈”依然经常批评他 4. 中期评估：姑姑对小雨的陪伴已经恢复，这个目标已经达成。在后续的跟进中，社工看到姑姑坚信对待孩子的态度就应该严厉，她同时也这样对待自己的女儿。这一目标初步达成	已完成
目标三：减少家庭冲突	1. 预估需求。服务对象家庭冲突主要分为四方面： （1）爷爷与奶奶在管教理念方面的冲突：爷爷认为自己在管教孩子方面没有问题，宽松是好的，并不认同奶奶的做法。奶奶和姑姑都认为要从小培养好的习惯就应该严格要求。姑姑认为爷爷为了补偿曾经在和小雨父亲关系中的角色缺失，所以溺爱孩子，有求必应。奶奶觉得爷爷在生活学习的各个方面都放纵孩子 （2）爷爷与奶奶在小雨时间管理上尤其是电脑使用方面有冲突：爷爷认为不应该限制孩子，而奶奶则很担心，认为小雨已经上网成瘾 （3）奶奶和小雨之间的冲突：奶奶表示小雨越来越不愿意跟她说话。小雨强烈表现出对奶奶啰唆的反感情绪，表示希望奶奶可以少啰唆一点、少批评他 （4）爷爷和奶奶、姑姑之间的冲突：爷爷奶奶互相表达了对彼此的失望，也不愿意为对方改变。爷爷和姑姑的关系也是如此	未完成需巩固

续表

目标内容	社工介入过程	结果
目标三：减少家庭冲突	2. 制订服务计划。由于以上冲突之间是相互关联的，在具体制订服务计划上也需要跟随家庭当下情况调整。基于我们的服务理念是以小雨为中心，且他们关注的重点也都是小雨，所以我们从引导他们思考“怎样对小雨是最好的”这个关注点切入。通过评估，社工首先试着从时间管理这个点上开始突破，针对爷爷性格偏强势，奶奶愿意为了小雨作出改变的特点，社工提议让爷爷作为主导，教导奶奶怎样和小雨交流，以及制订和执行时间管理计划。爷爷首先认为不需要，孩子没有问题，也不想教奶奶，认为她不可能做好。看到爷爷态度消极，奶奶主动表示她愿意先作出改变。社工引导奶奶思考冲突主要有哪些方面，同时引导她自主思考具体解决方案。例如，尽量减少当面表达对爷爷照顾小雨生活起居方面的反对意见；在学习方面，奶奶表示愿意降低对作业和考试的要求，减少小雨对作业的抵触情绪，也减少引发爷孙俩联合骗她的诱因；看到小雨对她的期待，奶奶也表示会少啰唆一点，并改变以前替小雨做决定的习惯，和孩子一起商量时间管理的具体内容，在执行时尽量信任他 3. 跟进服务计划。奶奶的执行力很强。在生活方面，她虽心里不认同，但是开始更多地保持沉默，尽量随爷爷的意愿。同时，奶奶减少了小雨的辅导班数量，在辅导小雨作业时降低了标准，减少了作业返工的次数，也不再给小雨加作业。一段时间后，小雨成绩有所提升，爷爷奶奶关系因此也有所缓和 　　其间有一段时间，奶奶说爷爷有别的事情忙，把带小雨的事情交给了她，两人注意力没有同时集中在小雨身上，关系很和谐。社工在对爷爷的评估中，询问他有没有可能去外面工作或者寻找自己的爱好，爷爷说他没有心气儿，而且认为带孙子更重要。在跟进中，小雨表示奶奶说话比以前少了；会提前和他商量学习的时间和内容安排；玩电脑的时间也和他商量，不像以前那样命令；小雨觉得奶奶改变了一些，特别好，保持就行。2021 年 1 月之后，一直是爷爷在带小雨，玩电脑的时间更长了，并且奶奶的想法也出现了反复，又用以前的方式管孩子，两人又陷入冷战中。社工带领奶奶回顾前一段时间成功的经验和原因，奶奶的热情又重新被点燃，社工定期进行回访并鼓励，并在奶奶需要帮助时提供一些具体方法上的支持	未完成 需巩固

续表

目标内容	社工介入过程	结果
目标四：改善奶奶和小雨父亲的关系	1. 预估需求：在和服务家庭的关系进一步深入后，奶奶有一次说道：入狱第一年探监时，她情绪失控了两次，儿子就不让她去了。奶奶后来也从不接小雨父亲的电话，除了一直在生儿子的气，也觉得聊琐事没意义。奶奶表示现在想和儿子恢复关系，这也能帮助小雨和父亲恢复关系 2. 制订服务计划：社工首先恢复奶奶和小雨父亲的联系，社工引导奶奶思考怎样恢复关系比较好，最后确定先给小雨父亲写信。因为写信更能表达出关心和爱，情绪更平和，小雨父亲如果愿意也能经常拿出来看 3. 跟进服务计划：社工鼓励奶奶通过各种方式找到通信地址；引导奶奶思考信的具体内容以及怎样表达对关系更有帮助；在姑姑表示反对、奶奶动摇时，鼓励奶奶坚定想法；目前信已寄出，还没有收到回信 信已寄出，因为一些不可控的原因，小雨爸爸一直没有收到信。后来，在小雨爸爸打回来的电话里，奶奶问了是否收到信，他表示没有，虽然没有再说别的话，但这是七八年来母子间的第一次对话。在后来的跟进中，奶奶表示她依然无法完全控制自己的怒气，如果和小雨爸爸说话还是会想发脾气。社工引导她意识到恢复和小雨爸爸的关系的重要性，她表示会继续努力，从"在想发脾气前停止对话"这件事做起	未完成（正在执行中）

2. 长期目标

目标内容	社工介入过程	结果
目标一：小雨了解并接受事实真相	1. 预估需求：爷爷在何时并如何告知小雨关于父母真实情况的问题上的困扰表现在，一方面，他怕小雨问起来，不知如何回答；另一方面，他认为小雨其实心里已经有了疑虑，但是他现在不希望这些事情干扰到小雨。此外，爷爷也觉得，等小雨父亲回家之后，通过他的调和，父子的关系自然就会变好，所以等小雨长大后再告诉他真相比较合适。奶奶和姑姑在起初就表示孩子越早知道越好。她们认为孩子应该早已知道这件事，并且受到了伤害。伤害可能是因为隐瞒，但是爷爷相当固执，她们无法和爷爷达成一致，并且爷爷在家庭关系中起主导作用，没有爷爷的允许她们不能说。姑姑认为爷爷对小雨做的所有事情包括不告诉小雨真相，不是出于对他好，而是只想把他控制在手里，让小雨完全属于他、依赖他。在对小雨的多次评估中，通过各种预设情境提问，他都没有提到父母，包括在学校里被欺负，他从始至终未想到寻求父母（姑父、姑姑）帮助。说到家人时，只提到爷爷奶奶。在这种情况下，他依然表示自己和同学的家庭是一样的	已完成

续表

目标内容	社工介入过程	结果
目标一：小雨了解并接受事实真相	2. 社工介入过程及结果：虽然奶奶的这个愿望迫切，但社工依然向她重申了服务理念：服务对象自决。只有家庭意见统一，社工才可以从旁协助。所以在此后的几个月服务中，这个问题一直被搁置。2021年1月中旬，在一次电话回访中，奶奶表示她准备告诉小雨真相。社工询问了原因、准备说的时间和内容、有没有和爷爷达成共识等问题，同时引导她思考：说了以后，爷爷、小雨可能的各种反应和结果以及她准备怎样应对。在社工的提醒下，奶奶说自己再认真想想，社工表示有任何问题，随时联系。在此过程中，因为机构同时服务另一个跟小雨家的情况类似的家庭，所以社工希望借着家长小组的形式，让小雨的爷爷奶奶看到告知真相的可能性。2021 年 2 月上旬，在机构组织的同质性支持小组活动中，奶奶陪同小雨前来参加，其间遇到了这个家庭。本着保密原则，社工并没有给他们透露过其他人的信息，他们中间聊过什么社工并不知晓 3. 跟进服务计划：在 2021 年农历新年期间，奶奶对爷爷说她打算告诉小雨真相，爷爷默许。在新年之前，奶奶带小雨去给母亲扫墓时告知了他真相，在表达了父母都爱小雨的前提下讲述了事件的过程，也解释了这么多年没让小雨和父亲相见的原因是怕他受伤害。小雨没有激烈的情绪变化，感觉早已知道真相，他询问了关于父母的很多问题，例如外貌、性格，并表示想要看父母的录像。春节期间，爷爷给他看了父母的照片。在随后的时间里，爷爷主动将告知小雨真相这件事的结果告诉给了小雨母亲的家人和姑父那边的家人，据爷爷说现在亲戚在一起吃饭不用再遮遮掩掩，大家都变得很放松，气氛很好 4. 中期评估：目标达成	已完成
目标二：重建小雨和父亲的关系	1. 预估需求：是否需要重建小雨和父亲的关系是在第一个长期目标实现后必然会面对的。在初期的需求评估中，奶奶认为是应该的，但是因为她和小雨父亲联系中断，没有办法推进，而爷爷并没有意识到这是一个问题，社工从教育者的角度给爷爷提供了一些专业意见作为参考，爷爷没有接话。因为目标不统一，这个问题一直搁置 2. 社工介入过程及结果：与第一个长期目标的过程相同 3. 跟进服务计划：在小雨得知真相后，春节期间，父亲打电话回来，小雨接了电话，这是父子间第一次以新的关系进行对话。社工在这之后通过电话和家访对小雨的情况进行了跟进。从反馈中看到，小雨在得知真相后，一直没有出现激烈的情绪，和父亲的通话也是关于学习和吃饭的家常对话，没有其他特别的内容。在随后对爷爷的跟进中，他表示小雨和父亲偶尔通电话就够了，他并不想再采取别的方式促进关系。例如不想让小雨去狱中探望父亲，周围类似的家庭都是这么做的，一方面学业紧张，另一方面怕监狱的环境和气氛会对小雨产生不好的影响。社工重申了专业意见作为参考，爷爷不予采纳。因为这并不是紧迫的目标，所以社工计划在之后的跟进过程中再评估家庭对此的需求	已完成（需后续评估）

六、评估

（一）介入效果评估

该个案的服务过程中，社工与服务对象家庭一起商定了几个短期目标和长期目标。社工在短期目标上的介入效果，在本文的第五部分："个案目标及服务计划"中"服务过程及结果"和长期目标中已经有清晰表述，此处不赘述。

（二）介入过程评估

这个个案的特点是家访内容复杂，目标不同，阶段不同，包含多个预估需求、制订服务计划、跟进服务计划过程的循环。头绪很多，多次处在发现新问题、确定新目标和目标修正中。第一次见面时，奶奶的诉求非常明确，但社工没想到问题这么复杂，牵涉到整个家庭系统，互相之间都有需要解决的问题，这时分清轻重缓急和主次先后就显得尤为重要。和家庭系统工作对我这个刚入门的社工小白是非常困难的，幸好有督导一直从旁协助，帮助我厘清思路。

在整个个案接触中，最重要的事情是首先和服务对象建立信任关系。因为此案是服务对象家人主动联系的，有了天然的信任感。刚开始的步调比较慢，根据马斯洛的需求理论，先帮助其解决最基本的经济问题后，再进行其他问题评估会更容易。

这个个案最大的惊喜是山重水复疑无路，柳暗花明又一村。从专业角度来讲，越早告诉小雨事实真相对孩子越好，但是因为爷爷的态度，虽然我们很担心孩子的心理健康，但这个目标一直无法实施，只能将精力放在解决其他问题上。没想到结果来得如此突然：奶奶勇敢地说了，爷爷默许了，小雨表示早就知道了，没有特别的情绪波动。小雨紧接着也就顺理成章地和父亲通了电话，开始建立联系。

从长期目标的实现可以看出，这个家庭已经渐渐拥有了不需要社工帮助就能自己解决困难问题的能力，社工为服务对象"增能"的目标得以实现。

当家庭的主要目标实现后，我们将重点持续关注小雨的情绪性格发展。其他如减少家庭成员之间的冲突、改善奶奶和小雨父亲关系等问题，我们也将根据服务对象的需要继续跟进，期待这个家庭能有新的交流模式，互相之间的关系能够进一步改善。

七、社工服务反思

（一）实践反思

社工伦理和社会工作的基本原则是一切社会工作的基础。只有程序正确，才能真正保证服务对象的利益和保护社工自身。偏离了方向，就和普通的爱心人士的帮扶工作没什么不同。

需求评估是最最重要的环节。在这一个案接触中，因为奶奶目标明确——想把服务对象父母的真相告诉服务对象，我们根据儿童的心理发展理论也认为这个目标很合理，刚开始就把它当成我们的长期目标。但是在和爷爷接触的过程中，发现爷爷不认同这种做法，导致根据这个目标做的计划暂时无法执行。这提醒社工，设立目标要根据服务对象自决的原则，同时考虑家庭系统而不是单一某个人的意愿，只有全家人达成共识，才可以成为目标。同时，前期的评估一定要做到位，不要急于执行，需求评估错了，目标就不可能实现。

本个案中，我遇到的最大障碍是对奶奶的理解。在她的价值观里，认为做事情、做成事情有价值，和家人唠家常、互相关心一下身体、做目的性不强的事情没价值。就算因为她的否定，小雨爸爸这么多年不和她说话，她心里还满是怨恨，并且还是只想用讲道理、批评的方式让他改变，想让他做她认为有价值的事情。我不明白，人为什么经历了这么大的巨变，思维模式依然如故，且一直在家庭中延续。我曾多次把自己放在奶奶的处境中，依然无法理解。作为一个旁观者，我能看到她的这种价值观对他们家庭关系的负面影响。当然，我可以用服务对象自决的原则去和她相处，也许我的能力有限，目前这种状况下，我无法过多地去影响奶奶，作为一个想帮助这个家庭的人，心里有深深的无力感。

有挫折，也有收获。这个个案服务过程加深了我对“人在情境中”的理解。在一次家访中，讨论到要不要把真相告诉小雨时，爷爷表现出明显的鸵鸟心态，说话前后矛盾。我当时觉得匪夷所思，用了面质的方式来指出他逻辑不通和与人性特点相冲突的地方，幸好督导在旁及时接过话头，重新用共情的方式将谈话进行下去。那天回家之后，整理家访内容的时候，我静下来试想进入爷爷的内心世界去想象他所经历的事情时，才明白爷爷曾经受过多大的痛苦：他从事业有成、人前风光到被打落谷底；一夜之间失去儿子和儿媳，留下一个不满 1 岁的孙子；他被自己的丈母娘看作是导致家庭变故的人。作为刚强的男性，他要撑起整个家，而他的痛苦没处诉说。那时我才意识到：经历过严重创伤的人很有可能在面对潜在的危险时选择逃避，这样的破碎，小雨爷爷再也不想经历下一次，哪怕只有一点可能保持暂时的平衡就不可能主动去打破它，所以他明明看到潜在问题也会选择视而不见，存在侥幸心理。这次经历，我开始理解了“人在情境中”这句话的真正含义。它不是语言上轻飘飘的同理，而是真正的设身处地。

在服务过程中，优势视角的效果也特别凸显。在未做社工前，我习惯在谈话中发现问题并想办法解决问题，但是我们的服务对象是非常需要被看见和被鼓励的。在奶奶告诉小雨真相后，我去家访时，让奶奶回顾自己在这段时间做了哪些努力时，她觉得自己没做什么，表现得没有底气。在我和她一起一点一滴回顾她之前所做的事情和生活中因此产生的变化时，明显感受到她有被激励到。她说到自己行为的改变时语气很坚定，对自己很认可。比如说到自己和小雨说话的方式变得柔和时表现得很开心。这让我深刻地体会到：作为社工，只是临时出现在这个家庭系统里，只有竭尽所能帮助这个家庭中的每个人看到自己的优势，挖掘他们自己解决问题的潜能，才能促使这个家庭完成良性改变或者有了良性改变的持续行动力。

“告知小雨真相”这一目标神奇地实现后，在反思中我一直回想自己为这个目标做了什么，也许是每一次的评估引起了他们每个人的思考，也许是其他目标的实现和家庭关系的改善成为引子，也许是他们看到了社工的专业性和全身心的爱。思来想去，还是没明白，跟人工作就是如此奇妙，有时目标的实现并不完全依靠我们的努力和期待，系统中某个因素的改变会带来其他的变化。

看到这个家庭已经有了良性的改变，我也很期待有一天这个家庭不再需要我的出现。因为，社工的暂时出现是为了以后服务对象不再需要社工，这是一个社工在个案服务中的终极目的。

（二）理论反思

生态系统理论是社会工作的基本理论。限制人身自由人员未成年子女因其父/母被限制人身自由，其生活环境往往发生极大的改变。对于有的 CIP 来说，是进入新的家庭系统、新的学校和居住领域的挑战；对于有的 CIP 来说，是其父母的状况给自己带来的羞耻感及给其同辈关系带来的挑战。对于服务的社工来说，在面对儿童的“问题”时，需要考虑的是儿童所生活的中观环境是否能够满足他/她的需求；如果儿童的需求不能在其生活的核心家庭中得到，社工需要从儿童生活的系统向外探索合适的资源，以个案管理的方式为家庭链接资源。除了从系统中获取资源，社工也需要与儿童及其养育人一起探索在资源不够的情况下，儿童如何面对中观环境的挑战。

在现有的儿童福利政策中，针对父母都服刑/被强制戒毒，或一方父/母服刑/被强制戒毒，另一方父/母无法承担抚养义务的 CIP，已有“事实无人抚养儿童”的相关政策可以落实。对于进入新的家庭系统的 CIP，社工也可以根据国家针对困境儿童的政策，协助 CIP 新的养育人落实相关政策，获得必要的资源。

第五章　生态系统理论下的个案工作

现有的儿童福利政策起着“兜底”的作用，主要从经济上和政策上保障未成年人的基本权益，但是，从儿童和青少年的发展阶段来说，很多心理、情绪的需求无法通过政策得到保障，而需要由能提供情绪支持的人来完成；从社工工作的角度来看，这种需求往往需要由儿童的自然支持系统完成。如何确保儿童的自然支持系统能够为他们提供这样的资源，或者开发新的资源，也是社工需要努力的方向。

在本节中，我们选择了三个案例，让我们一起来了解社工是如何运用生态系统理论来协助服务家庭满足儿童成长阶段的需求的。

案例五：我不是“没爸没妈没人管”的孩子

——如何帮助孩子面对同辈的言语欺凌

复和助理社工　濮朵朵　　复和社工　李佳俪

一、基本资料

服务对象姓名：欢欢（化名）

性别：男

年龄：10 岁

二、个案来源

接案时间：2018 年 7 月。

接案途径：该个案是由本地未成年人保护中心转介。

三、个案背景资料

（一）服务对象情况

健康状况：在校体检结果合格，无重大疾病。

与抚养人和监护人关系：家庭关系良好，服务对象很听爷爷奶奶的话，外出参加活动时都会听从爷爷奶奶的意见；与狱中父亲关系良好。

学习情况：文化课成绩在班中处于中游，体育运动方面比较突出。

同辈关系：服务对象性格温和，懂得照顾他人，在学校和村里与同学和小伙伴的关系相处得很好，常常有同伴来服务对象家找他一起玩耍。

（二）服务对象家庭情况

1. 抚养人基本情况

生活状况：欢欢爷爷平时在工地干活，因为爷爷会的工种比较多，为人正直，人脉关系广，能很好地处理家庭对外的事务；欢欢奶奶跟着爷爷做些零活，对欢欢生活和学习上的具体照顾比较多。

身体状况：欢欢爷爷身体健康状况良好，欢欢奶奶有慢性病，长期吃药。

对服务对象的监护：欢欢的爷爷奶奶对欢欢的监护能力良好，能为欢欢提供及时有效的监管，因此欢欢并未出现行为偏差问题。

2. 家庭基本情况

家庭背景：父亲入狱，母亲失联。欢欢现在与抚养他成长的爷爷奶奶居住在一起。

安全状况：欢欢有独自在家的情况，但仅限于白天。欢欢居住自家院落，无安全隐患。

经济状况：虽然欢欢的养育人都在工作，但是因为他们同时要在经济上支援欢欢的父亲和其他家庭成员，所以经济上仍然比较紧张。

家庭成员间的关系：良好。欢欢与其抚养人及在监狱中的父亲有比较紧密的情感联结。

家庭的自然支持系统：弱。欢欢家与亲戚间少有来往。

四、问题分析

问题	原因	介入理论
1. 经济问题：家中经济困难，勉强维持家庭基本生活	因欢欢父亲的犯罪原因，其家庭无法申请到低保等政府福利政策。爷爷奶奶年龄较大，体力和能力日渐衰弱，只能从事临时性工作，因此收入不稳定。家中每月支出较多，经济负担重	生态系统理论：因为服务对象家庭与其中观环境联系较少，也不敢去所在街道咨询自己是否享受相关政策，所以社工将服务对象家庭应该享受的政策介绍给服务对象家庭，并鼓励他们申请
2. 亲子关系问题：服务对象与其父亲的情感联结较弱	在欢欢幼年时其父开始服刑，常年不在欢欢身边。因时间和经济限制，欢欢抚养人每年带欢欢探监次数有限，欢欢与父亲见面机会很少，导致父子间的情感联结较弱	家庭系统理论：欢欢父亲因为常年服刑，其作为父亲的职能长期由欢欢现任养育人（爷爷奶奶）执行，社工在服务中通过书信鼓励欢欢父亲通过各种形式与欢欢建立关系，增进父子间的感情，并保持其亲职能力
3. 人际关系问题：服务对象面对同辈欺凌及负面质疑不知道如何回应	分析欢欢人际关系问题产生的原因得出以下几点结论： 1. 因特殊的家庭背景，欢欢在学校遭遇同学的言语欺凌，被嘲讽是“没爸没妈的孩子”，欢欢因父母的原因较为自卑，不知道如何回应，只能默默忍受 2. 欢欢爷爷对于欢欢的要求可能存在矛盾之处，因为欢欢爷爷一方面评价欢欢“性格懦弱”，另一方面又要求欢欢不要与同学起冲突，导致欢欢在遭遇欺凌时不知如何回应 3. 因欢欢父亲服刑，母亲离开，导致欢欢户口手续办理艰难，没能在正常上学年龄入学，因此欢欢比同班同学大两岁，会经常面临来自同学的质疑，而欢欢又无法将家庭情况向同学说明	认知行为理论：社工引导欢欢爷爷奶奶看到对欢欢提出要求的矛盾之处；同时引导欢欢看到来自同辈群体的指控是没有道理的，从而调整了欢欢的心态，能够以正面的方式应对来自同辈群体的言语欺凌 生态系统理论：社工引导欢欢的抚养人看到欢欢生活中的难处和挑战，通过引入家庭支持和同辈支持，给予欢欢面对来自同辈群体质疑和欺凌的底气

五、个案目标及服务计划

目标	服务计划	负责人
1. 支持服务对象抚养人获得能够满足家庭需求的资源	1. 在经济及物质资源方面，社工与服务对象家庭所在地的村委会和街道办咨询联系，帮服务对象家链接低保、困境儿童救助等福利政策资源 2. 在学习资源方面，社工为服务对象链接本地免费英语学习及外地夏令营等资源	社工、服务对象抚养人
2. 增强服务对象与其父亲之间的情感联结	1. 社工带服务对象探监，申请亲子会面 2. 社工将书信沟通的关系修复方式带入服务对象家庭，推动服务对象主动与父亲联系，以增强父子间的情感联结	社工、服务对象、服务对象抚养人
3. 服务对象面对同辈质疑或欺凌时能够得到支持，并懂得如何回应	1. 首先，社工引导服务对象抚养人思考自身看待服务对象父母的态度是如何对服务对象产生影响的；其次，社工教导服务对象抚养人思考如何才能给服务对象提供有力的支持 2. 社工与服务对象本人共同探讨面对质疑或欺凌时合理的回应方式，以增强服务对象的信心和底气 3. 在小组活动中设定相关主题，让服务对象与同辈伙伴一起探讨如何应对质疑或欺凌，并得到同辈伙伴的支持	社工、服务对象、服务对象抚养人

六、阶段性服务记录

服务阶段	方式	主要事项	介入重点及结果
2018 年 7 月—2018 年 12 月	家访、电话	1. 了解服务对象家庭基本情况；社工与服务对象建立关系 2. 协助服务对象家庭链接学习资源 3. 了解和跟进服务对象在学校受到欺凌时的应对情况	1. 社工了解到欢欢在学校受到欺凌时，欢欢奶奶表示欢欢未被欺负，理由是欢欢个子很大；同时欢欢也否认自己被欺负。社工进一步跟进，确保欢欢在学校有安全的环境 2. 社工到村委会及街道办了解当地福利政策 3. 社工带欢欢去外省参加夏令营；同时帮欢欢链接到可免费学习英语的培训资源

续表

服务阶段	方式	主要事项	介入重点及结果
2018 年 8 月—2019 年 7 月	家访、电话、探监	1. 社工帮助服务对象家庭申请政府福利 2. 服务对象的奶奶提出诉求，希望社工能带服务对象与服务对象的父亲进行亲情会见 3. 社工引导服务对象与父亲使用书信联系	1. 社工与欢欢的奶奶去当地村委会及街道办了解低保和困境儿童资助政策，推动欢欢家庭自主咨询，由欢欢家庭向村委会提交低保和困境儿童资助申请，后申请得到批准 2. 社工在此期间帮服务对象家庭申请到两次亲情见面。第一次由社工带欢欢奶奶和欢欢一起去，第二次由社工单独带欢欢与父亲见面。探监之后，增强了欢欢与父亲之间的关系，加深了双方的情感联结 3. 社工鼓励欢欢主动给父亲写信，欢欢及其抚养人见到社工时口头表示同意，但除了社工家访时欢欢给父亲写过信，欢欢并没有主动给爸爸寄信的行为。在此期间社工也给欢欢父亲寄过几封信，鼓励欢欢父亲加强与服务对象的联系，但仅收到欢欢父亲的一封回信，对社工的支持表示感谢
2019 年 7 月—2020 年 9 月	家访、电话、夏令营	1. 社工继续跟进服务对象面临质疑或欺凌的问题及支持情况 2. 协助服务对象爷爷和父亲增强对服务对象的支持 3. 加强同辈伙伴对服务对象的支持 4. 协助服务对象家庭申请司法救助	1. 对于“没爸没妈”这个相对事实，社工首先引导欢欢抚养人厘清概念，欢欢不是真的没爸没妈，而是爸妈只是暂时不在服务对象身边，先让欢欢抚养人对此事有底气，然后学会有力地给予欢欢支持 2. 虽然欢欢父亲不在欢欢身边，也可以发挥自身的亲职能力。社工就欢欢遇到的困难写信与欢欢父亲商讨，引导欢欢父亲帮助服务对象作出更有底气的回应 3. 社工在同辈支持性主题夏令营中，开展小组活动，利用同辈支持帮助欢欢理解自身处境。在小组活动中，欢欢与同辈伙伴们一起讨论关于“父母”的问题，让欢欢分辨“没爸没妈”的概念，让欢欢认识到自己是有父母的，只是父母暂时不在自己身边；另外，让欢欢意识到，在欺凌事件中自己是受害者，自己并没有做错事，从而能够有底气地回应 4. 在 2020 年 9 月，社工协助欢欢家庭申请到本地的司法救助

续表

服务阶段	方式	主要事项	介入重点及结果
2020 年 10 月—2021 年 3 月	家访、电话、小组活动	组织服务对象参加夏令营、同辈支持小组等活动，推动服务对象与家庭背景相似的伙伴之间建立联结和支持	欢欢在同辈支持小组活动中与同辈伙伴建立友谊关系，同时得到伙伴的支持和信任，逐渐能够有底气地回应来自同辈群体的言语欺凌

七、评估

（一）介入效果评估

社工在为服务对象家庭服务的过程中设立了三个目标：一是亲子关系修复；二是社会资源链接；三是服务对象面对质疑或欺凌时，家人可以更有力地支持服务对象。

在亲子关系修复方面，服务对象家庭对于社工为其链接到的资源表示很满意，但对于亲子关系修复的目标却未能与社工达成一致。服务前期，社工与监狱沟通申请亲情会见，带服务对象探监，并负担服务对象探监的往返交通费用，对此服务对象抚养人表现得较为积极也很满意。在后期的服务跟进中，社工推动服务对象家庭进行自主探监，服务对象家庭对此却表现得并不积极。社工在服务中了解到服务对象抚养人是有能力带服务对象进行探监的，只是顾虑探监路途上的花费较大。另外，服务对象抚养人认为平时服务对象与其父亲的联系和沟通都很顺畅，感情也较为亲密，不需要做亲子关系修复的工作，因此也觉得不必增加自主探监的频率。所以，服务对象抚养人并不觉得亲子关系修复是家庭的需求和目标，因此社工也就很难推动服务对象家庭进行自主探监。

为服务对象抚养人获得家庭所需的资源方面，社工协助服务对象家庭寻求和链接了适合的救助及教育资源。社工在服务对象家庭所在街道办了解到事实无人抚养儿童的福利政策，服务对象家庭实际情况符合政策申请条件，社工协助服务对象家庭申请到该项补助。此外，社工帮服务对象链接到参加外地夏令营的机会以开阔眼界，还联系到本地的英语补习资源，使服务对象可以免费参加英语学习课程，帮助服务对象提高英语成绩。

在面对同学欺凌问题上，通过社工的引导和帮助，当服务对象再次面对同学的质疑或欺凌时，已经能够用正面的方式去主动回应对方，而不会像以前那样不敢说，也不知如何说，只能默默忍受了。

（二）介入过程评估

在服务对象与服务对象父亲情感联结方面，服务对象家庭在探监和写信这两件事上没有主动意愿，但从与服务对象的沟通中可得知，服务对象父亲与服务对象之间并不缺乏情感交流。服务对象每次提到父亲时总是很自然，没有疏离感，对父亲有深厚的孺慕之情。由此可见服务对象家庭与服务对象父亲已有良好的情感基础，并对目前的沟通和联系方式表示满意，所以不需要通过书信或自主探监的方式来增进与服务对象父亲之间的联结。

在协助服务对象抚养人获得养育服务对象所需要的资源方面，社工主要做的事情是协助抚养人为服务对象办理了“事实无人抚养儿童”政府补助。但一开始服务对象奶奶对于与政府部门打交道存在畏难心理，所以社工陪同服务对象奶奶去村委会申请家庭低保。因为服务对象父亲的入狱原因不符合低保申请政策，社工又帮服务对象家庭咨询困境儿童救助政策，在该政策申请中，虽然服务对象家庭遇到很多困难，但是社工始终鼓励他们自己写申请书，而不是替代他们做事情。后来，服务对象奶奶自己申请到符合政策的补助，社工对其在申请过程中的付出和努力表示肯定。在申请过程中，社工不能完全替代服务对象抚养人与街道办沟通联系，而是要训练服务对象抚养人与政府相关部门打交道的能力，强化他们自身的能力，从而达到为服务对象抚养人赋能的目的。

回头看这个过程，社工也需要反思自己服务过程中的不足。在一开始的时候，由于社工对当地政策了解不足，出现了申请项目与服务对象家庭情况不匹配情况，服务对象抚养人申请补助失败的过程，打击了服务对象抚养人对申请政策和社工工作有效性的信心。后来，社工再次咨询本地民政部门后，才知道服务对象家庭可以申请“事实无人抚养儿童”的补贴，并协助服务对象家庭申请成功。这个经历让社工意识到：社工要提前学习服务对象家庭当地的各项政策信息及申请条件，对服务对象家庭的基本情况有一定的了解，方可为服务对象家庭精准链接到符合条件的福利政策。

在支持服务对象面对同辈欺凌方面，社工先与服务对象奶奶就此事进行沟通。服务对象的奶奶和服务对象起初都对被同学欺负一事予以否认。社工表示对此需要作进一步了解。随后服务中，社工两次带服务对象探监，并陪同服务对象参加省外夏令营，服务对象对社工有了一定的信任。服务对象告诉社工，他在学校被同村了解他家情况的同学故意找碴辱骂，对方骂他是“没爸没妈没人管”的孩子，而他被人欺负时不知道如何回击，更不敢跟老师说，只能自己哭。

社工就此事与服务对象抚养人进行沟通，了解到服务对象爷爷一方面评价服务对象个性懦弱，另一方面要求服务对象在外不要与同学、伙伴起冲突，更不能与人发生肢体冲突。因为服务对象身量比同龄人高大许多，力气也大，爷爷怕服务对象跟对方起冲突的话，万一把对方打伤，不但要赔钱，村里人还会认为服务对象跟他爸一样，没被教好，闲言碎语会更多。为此服务对象爷爷主动与辱骂服务对象的同学家长沟通，请同学家长管束自己的孩子，不要在父母的问题上欺辱服务对象。社工对服务对象爷爷作出的努力表示肯定。

同时，社工与服务对象奶奶沟通如何面对服务对象“没爸没妈”这个问题。服务对象奶奶认为服务对象升到中学，离开小学的环境就不会再有人对服务对象说三道四。社工引导服务对象奶奶思考，服务对象到了新的环境完全避免遇见熟人的可能性。服务对象奶奶开始思考这个问题。社工引导服务对象的奶奶和爷爷一起讨论如何面对问题，表示通常家长对待问题的态度会直接影响到服务对象。奶奶后来表示“俺儿子犯错有国法惩罚，跟俺孙子没有任何关系”。服务对象奶奶这样的想法和说法，对服务对象起到了正面支持的作用。

社工在与服务对象本人的沟通中，多次肯定他各方面展现出来的能力，以增强他的自信心。2020 年暑期机构举办的夏令营中，大部分营员都与服务对象熟悉，且都有相似的家庭背景，社工在小组活动中设置了主题讨论。服务对象表示自己曾经在班里被骂“没爸没妈”，小组就此问题展开讨论。社工引导服务对象思考“没爸没妈”这句话的对错，服务对象肯定地表示那是错的，他能对欺辱他的同学有底气地说出“我有爸”这样的回答。2020 年底社工去服务对象家家访，服务对象再提到欺辱他的同学，表示这个同学没再像以前那样故意辱骂挑衅他，还说到这个同村的同学有时还会到家中来找他一起玩耍。

八、社工服务反思

在社工为服务对象家庭提供服务的过程中，社工也得到很多经验教训。服务对象奶奶常常让社工来做一些服务对象家庭力所能及的或者应该由他们自己来做的事，比如服务对象家庭找不到服务对象身份证的时候，服务对象奶奶直接打电话给社工，让社工帮忙想办法找；又比如在一次家访时，服务对象奶奶直接让社工给服务对象辅导作业。这些情况让社工意识到服务对象与社工之间缺乏该有的界限。社工既不是服务对象的亲戚朋友，也不能来包办代替服务对象家庭做他们自己有能力做的事。产生服务对象奶奶依赖社工的结果，主要有两个原因，一是服务一开始社工没有与服务对象设定专业界限，二是社工主动为服务对象家庭做太多事，削弱了服务对象家庭本身的能力。后来，社工调整了自己与服务对象家庭的互动方式，坚持以赋能的原则对待服务对象家庭，推动服务对象抚养人自主探监、自主申请帮扶政策，达成目标后，社工及时对抚养人的能力予以肯定。在服务后期，社工又为服务对象家庭链接到司法救助的资源，服务对象抚养人主动来到机构办公室，将所需资料交给社工，这对于之前习惯了当“保姆”的社工来说，是非常令人兴奋的经历。经此调整后，服务对象家人对社工的依赖越来越小，家庭关系也日趋紧密、稳定，服务对象家庭也有能力处理自身的问题，社工也准备评估结案。

案例六：以家人之名

——如何帮助孩子融入新的家庭系统

复和实习生 赵梦晶[①] 复和督导 廖陈林

一、基本资料

服务对象姓名：哥哥小明，弟弟小刚（均为化名）
服务对象性别：男
服务对象年龄：小明 17 岁，小刚 10 岁

二、个案来源

接案时间：2019 年 1 月。
接案途径：该个案由服务对象所在街道的工作人员转介。

三、个案背景资料

小明（化名）和小刚（化名）是一对兄弟，性格内向，不爱说话。父亲于 2017 年入狱，母亲在 2018 年因病去世。兄弟俩借住在亲戚家，小明仍然在原来的高中住宿，小刚则转入亲戚家所在地的小学。亲戚介绍，自从母亲去世后，兄弟俩一直比较沉默。社工家访时兄弟俩大部分时间都在玩手机，而且他们一直不愿意主动和父亲联络。

四、问题分析

（一）理论分析

生态系统理论认为，导致青少年在成长过程中陷入困境的原因是多种多样的，生态系统理论强调将个人置于其生活的场域，提醒我们从人所生活的

---

① 赵梦晶，西北大学哲学学院社会工作硕士研究生，2020 年 9 月至 2020 年 12 月在复和实习。本案例由赵梦晶、廖陈林根据个案服务记录及服务过程整理而成。

环境中去理解人的行为变化。系统包括家庭、社区和社会。这种理论强调人的问题或者困境往往是因为其所生活的环境无法提供个人所需要的基本资源。社工在进行服务的时候，往往要从服务对象生活的环境来理解她/他所面临的需求，进而寻求“破局”的切入点。

兄弟俩的家庭生态系统如图 5 - 1 所示：

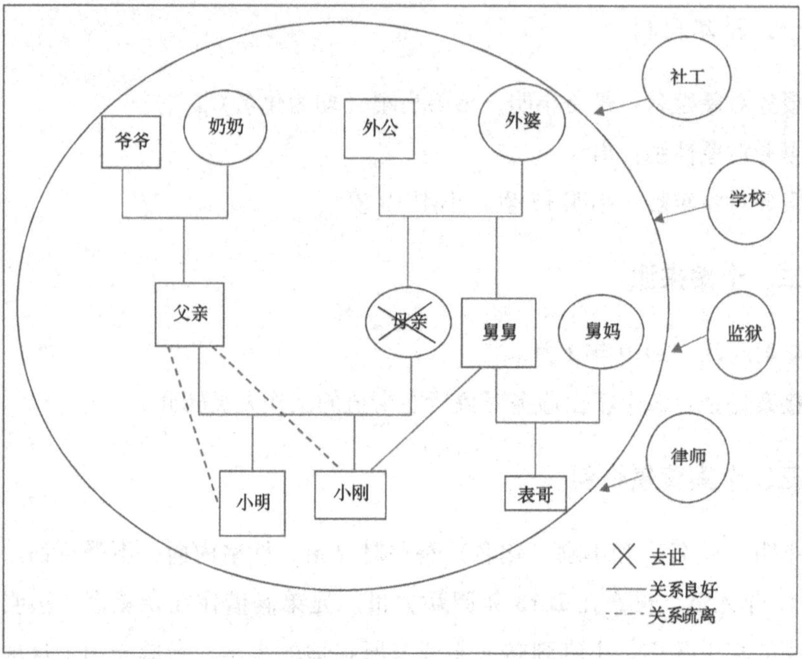

图 5 - 1　小明和小刚的家庭生态系统图

从这个家庭的生态系统可以看出，兄弟俩面临的主要问题是：原有的家庭系统在母亲去世后分化，兄弟俩进入新的家庭系统（原是兄弟俩的支持系统）生活。新的家庭系统除了需要资源来满足兄弟俩的需求外，家庭成员之间也面临建立情感联结的问题。除此以外，弟弟小刚转到了新的学校，还面临着融入新的中观系统的挑战。

（二）问题界定

1. 微观层面

（1）家庭系统层面：兄弟俩的父亲入狱，母亲去世，原有的家庭系统中养育人暂时无法承担养育责任；兄弟俩暂居于亲戚家，面临新的家庭系统重新建立、融入新的家庭系统的挑战。此外，两人搬入新的家庭，对于新的养育人来说增加了生活成本，需要协助养育人获得养育兄弟俩所需要的资源。

（2）个人层面：亲戚介绍，自从母亲去世后，兄弟俩一直比较沉默，兄弟俩可能需要哀伤辅导；另外，兄弟俩一直不愿意与狱中的父亲联系，也令家人感到担忧。

2. 中观层面

小刚住到亲戚家后转到新的学校。转学后，小刚有一段时间不肯去上学，养育人很担心。

五、个案目标及服务计划

（一）个案目标

协助兄弟俩融入新的家庭系统；协助新的养育人获得养育兄弟俩所需要的资源；改善兄弟俩与狱中父亲之间的关系。

（二）服务计划

介入目标	介入方式	理论
1. 协助兄弟俩融入新的家庭系统	1. 通过游戏协助新的家庭系统建立新的共同记忆、通过游戏中的情绪互动建立新的情感联结 2. 社工以教育者的角色引导养育人用新的方式与兄弟俩建立关系	依恋理论：人与人之间的“同频互动（表情、语气、动作等）”有助于人与人之间建立情感联结
2. 协助新的养育人获得养育兄弟俩所需要的资源	个案管理：介绍兄弟俩所享有的政策福利；为服务家庭链接适合的保险理赔资源	马斯洛需求理论：养育人需要基本的资源来满足兄弟俩的需要
3. 改善兄弟俩与狱中父亲之间的关系	评估兄弟俩与父亲的关系 辅助小刚写信给狱中的父亲，介绍自己近期的生活；给兄弟俩的父亲写信，介绍兄弟俩的近况	家庭系统：兄弟俩的父亲虽然暂时不能住在家中，但仍然能通过其他方式维持他在系统中的功能

六、阶段性服务记录

<table>
<tr><th>介入阶段</th><th>面谈次数</th><th>服务重点</th></tr>
<tr><td>接案阶段</td><td>1 次面谈</td><td>1. 了解兄弟俩的具体情况，包括个人情绪、学业成就、居住情况等
2. 了解兄弟俩父亲的服刑情况，评估亲子关系</td></tr>
<tr><td>预估阶段</td><td>1 次面谈</td><td>1. 评估兄弟俩的心理状况
2. 了解现任照顾者的情况，评估其监护能力
3. 评估服务家庭目前的需求
4. 与服务家庭协商兄弟俩母亲的保险理赔情况，为其链接公益律师</td></tr>
<tr><td rowspan="4">介入阶段</td><td rowspan="4">4 次面谈
多次非面对面联络</td><td>第一次面谈
1. 跟进兄弟俩最近的情况
2. 利用游戏拉近兄弟俩新家庭成员之间的距离，并进行心理辅导</td></tr>
<tr><td>第二次面谈
1. 跟进服务家庭保险理赔的进展
2. 评估小刚是否有接受专业心理咨询的需求
3. 利用游戏进一步拉近兄弟俩与新家庭成员的关系，改善家庭氛围
4. 以书信作为工具引导和鼓励兄弟俩主动与父亲联络</td></tr>
<tr><td>第三次面谈
1. 联络监狱，试图从兄弟俩的父亲入手缓解父子之间的关系
2. 联系小明的学校，了解兄弟俩在学校的朋辈关系和学业表现
3. 继续跟进服务家庭保险理赔事项的执行情况</td></tr>
<tr><td>第四次面谈
1. 社工与服务家庭共同制订探监计划，同时给兄弟俩的父亲寄信，告知兄弟俩的近况及近期探监计划
2. 鼓励兄弟俩继续与父亲通信
3. 评估服务家庭申请“事实无人抚养儿童”政策补贴的需求。服务家庭在权衡之后，告知社工他们决定申请低保</td></tr>
<tr><td>结案阶段</td><td>家访＋电话联络</td><td>1. 评估目标达成情况，了解服务家庭后续计划
2. 与养育人评估结案可能性，共同作出结案决定</td></tr>
</table>

七、评估

（一）介入效果评估

在协助兄弟俩融入新的家庭系统方面，社工通过在家访中增加家庭成员之间的互动，促进了兄弟俩与新的家庭成员之间的沟通，后弟弟小刚逐渐适应了新的环境，开始在本地上学，该目标达成。

在协助养育人获得养育兄弟俩所需要的资源方面，社工的主要干预方式是帮助服务家庭链接了一些资源，比如对接民事方面的免费法律咨询来协助兄弟俩的舅舅解决保险理赔的事情，后来舅舅表示家庭已有计划；在落实政策方面，社工提供了申领“事实无人抚养儿童”补助的建议，服务家庭思考后决定仍然延续之前的低保。所以，在这个方面，社工的干预效果并不是很大。

在协助兄弟俩与父亲之间的关系修复方面，社工做的主要干预是鼓励兄弟俩给父亲写信，提供探监支持。但是，兄弟俩的父亲对于与兄弟俩见面并不是很有动力，对于兄弟俩寄过去的信件也极少回复，只是在快要结案时才给社工回信表示感谢。所以，在这个目标上，社工的干预效果并不明显。

（二）介入过程评估

接案阶段：因为该个案是由所在街道转介而来，所以服务家庭对社工比较信任。在与兄弟俩见面之前，社工首先与他们的监护人进行了面谈，了解兄弟俩目前的情况和环境，解释服务的内容和服务家庭的权益，这样做有利于更好地保障儿童的权益。在这个过程中，服务家庭的参与度比较高。

预估阶段：在开始的时候，服务家庭对自己需求的认识很模糊，社工没有探究到服务家庭的真实感受，而急于制订计划，因此，服务家庭的不少真实需求被忽略了。比如，当兄弟俩的养育人提出帮助处理保险理赔的诉求后，社工介绍的律师建议由兄弟俩直接继承其母亲保险理赔的款项，但这样做需要兄弟俩的父亲放弃继承权，并不合适。后来，服务家庭经过讨论，决定等哥哥小明成年后再直接处理保险理赔的问题，减少纠纷。另外，在协助服务家庭申请政策补贴的事情上，服务家庭最终决定保留其原有的低保，而不申请“事实无人抚养儿童”的补助，也有其自己的考虑，但社工在这个过程中并未探究到服务家庭的真实意愿，走了不少弯路。

介入阶段：这个阶段社工主要的介入方式是通过游戏促进新的家庭系统中各成员的情感联结。在第一次游戏时，社工引导家庭用绘画的方式互相表述彼此的优点，这种言语方式不太符合中国人内敛的性格特点，导致服务家庭在做这个游戏时显得手足无措。之后，社工进行了复盘并调整了策略。在之后的家访中，社工换了游戏，养育人自然地根据兄弟俩对游戏的掌握程度，给予鼓励、协助和挑战。社工发现哥哥小明在游戏中不像之前那样冷淡，与家庭成员之间的互动多了起来。家访后，养育人对社工给家人带来的新奇体验给予了积极反馈。游戏作为一种工具，起到了促进兄弟俩与新的家庭建立情感联结的作用。

在促进兄弟俩与狱中的父亲保持亲子关系方面，社工与兄弟俩讨论后，发现兄弟俩对于去看望父亲并不排斥，只是不希望参加大型“煽情”的活动。在社工联系兄弟俩的父亲，提出近期会带兄弟俩去探视的时候，其父打电话回家，表示不需要去看望。在这一点上，其实社工一直不能理解兄弟俩父亲内心的需要，也无法了解其真实的想法。因为探监的计划取消，所以社工鼓励、辅助兄弟俩通过书信与父亲联系，但其父一直都没有什么反馈。一直等到结案后，当社工寄去小刚参加机构组织的夏令营的照片时，其父才回信对社工的付出表示感谢，表达对兄弟俩的想念。为何兄弟俩的父亲并不愿意孩子们去看他，对孩子们的信反应也并不热烈。囿于高墙的阻隔，我们一直没有得到答案。

结案阶段：弟弟融入新学校的问题已解决，心理状态也较为稳定，对于兄弟俩母亲的保险理赔问题，服务家庭已达成一致意见。兄弟俩在新家庭的生活比较稳定，社工与服务家庭交流后，共同作出结案的决定。

八、社工服务反思

（一）案例代表的典型需求

本个案区别于其他个案的一个显著特点是：兄弟俩需要进入亲戚家，与新的家庭成员一起生活。在这个过程中，社工与服务家庭讨论之后，确定了两个重点：一是帮助孩子们在新的家庭能够尽快适应；二是维持兄弟俩与父亲的亲子关系。

为了帮助兄弟俩适应新的家庭系统，根据马斯洛的需求理论，需要先有足够的生活资源，然后才是情感上的需求。在生活资源方面，政府的福利政策和兄弟俩母亲的保险赔偿，能够为兄弟俩提供必需的生活保障。在与新的家庭成员建立情感联结方面，社工通过游戏促进了新的家庭成员之间的情感联系。

维持兄弟俩与其父亲的亲子关系方面，社工采取的是鼓励兄弟俩与父亲之间保持联系（探监、书信）的方式。但是，在这个过程中，社工发现兄弟俩的父亲并没有回应他们，导致之后的书信联系中断。其实，大部分的服刑人员都很期待家人去看自己，对于家人寄去的书信，即使不会一一回复，也会通过电话给予回应。在这个案例中，为什么小明和小刚的父亲会如此淡漠，我们始终都没有答案，也没有办法当面询问他。这种因为高墙而带来的沟通中的困难，也是服务这一群体时社工所面临的困境。

（二）社工介入的特别之处

在不少案例中，常常看到社工说明自己使用的具体的理论流派和模式，比如行为疗法、认知行为疗法、游戏治疗等。其实，笔者认为，不同于心理咨询师明确的流派倾向，社工大可不必纠结于自己到底属于哪种流派，而是要灵活使用不同流派中的不同工具来达到自己的目的。社工可以用认知行为疗法的基本理念帮助服务对象认识到自己认知中的前后矛盾之处；也可以用行为疗法帮助儿童建立正确的刺激 - 反应记忆。面对动力不强的服务对象，社工也可以结合动机访谈（motivational interview）中描述的产生改变的不同阶段，来采用不同的介入方式。其实，不同理念和流派中的工具在某些情况下是相通的，都可以成为社工“工具箱”中的工具，在需要的时候拿出来使用。社工需要做的，就是不断丰富自己“工具箱”中的工具，并在不同的处境中体会不同的工具的使用效果。比如，在本个案中，在促进兄弟俩融入新的家庭系统时，社工使用游戏作为工具，促进家庭成员之间的情感联结。这种方式并不是严格意义上的游戏治疗，却起到了一定程度的疗愈作用。

（三）社工工作可以改进之处

首先，准确、客观、以服务对象为中心的评估是关键。在本个案中，对于服务家庭提到的保险理赔的问题，社工一开始并没有清晰了解服务家庭的意图，而是根据对方的诉求，为其联络律师提供咨询。后来，社工才发现评估中漏掉了关键当事人的意图，再次与服务家庭沟通之后，社工与服务家庭达成共识，由小明成年后自行处理此事。

其次，社工要“有所为，有所不为”。我们都希望能够做一些能看见的事情来使服务对象的生活变得更好，但是社工介入的前提是对方有明确的需求。在该个案中，兄弟俩经历了母亲的过世，社工在预估阶段认为需要有哀伤辅导，但是在评估中发现，兄弟俩身边的支持系统已经能够给他们相当的支持。社工只需要在“该说话的时候说话，该沉默的时候沉默”即可。社工需要避免为了完成自己想要完成的事情，而忽略服务对象的真实意愿。

（四）结语

小明和小刚因为父亲入狱、母亲过世，需要在新的家庭中生活。他们的处境其实也代表了一部分服刑人员子女的生活处境。我们的服务理念是竭力帮助孩子们在原有的生态系统中成长，而不是集中寄养。如果孩子们能在原来的家庭生活，社工需要尽力帮助养育人获得所需要的资源；如果孩子们需要进入亲戚家中或者寄养家庭中，社工的任务是帮助新的家庭系统重新运转。因此，我们希望借助这个案例的探讨，与社工伙伴们一起来帮助更多的小明和小刚融入新的家庭系统中。

案例七："希望有个阿姨陪我长大"

——谁来填补母亲的缺位

复和督导　廖陈林

一、基本资料

服务对象姓名：小怡（化名）

性别：女

年龄：13 岁

二、个案来源

接案时间：2019 年 7 月。

接案途径：本个案系社区转介个案。当机构实习生给本地社区打电话，介绍机构的内容和主要服务时，个案所在街道主管未成年人福利工作的工作人员将个案推介给机构，并给服务对象家办理了"事实无人抚养儿童"的补贴。

三、个案背景资料

（一）服务对象情况

小怡与奶奶居住在某市回迁房社区。小怡父亲在几年前入狱，其后小怡母亲离开小怡独自生活，但她偶尔会到小怡奶奶家寻求经济支持。小怡爷爷已过世，小怡家庭主要收入来源为小怡奶奶的养老金和小怡家出租一套回迁房所得的房租收入。

小怡目前已升入初中，因小怡奶奶无法辅导其写作业，小怡在附近的托管中心居住，周末回家。小怡性格开朗，与父亲关系密切。小怡家庭的主要支持系统为小怡的姑姑和小怡奶奶的朋友。

（二）个案家庭背景

小怡在年幼时，曾经与父母一起生活，后父亲被捕入狱，小怡母亲曾短暂地与小怡及其奶奶生活，后离开。小怡奶奶对小怡保护得极为周密，小怡独自在家时，小怡奶奶常常将小怡反锁在家中，因为小怡奶奶担心小怡被别人欺骗而离开家。小怡奶奶对小怡个人保护较多，虽然小怡已经上初中了，但是小怡奶奶基本上不放心小怡自己上下学回家，总是要安排人去接送。

四、问题分析

（一）理论分析

1. 系统视角下的家庭结构

家庭是一个系统，每一个家庭成员在系统中都有其角色和职能。在这个家庭中，小怡奶奶同时承担了小怡父亲和母亲的养育职能，为小怡提供细致的照料。但是，随着小怡年龄的增大，她对于母亲的角色越发渴求，希望能有一个同性别的成年人了解她内心的感受。小怡的自然支持系统中，并没有这样的角色，所以社工需要从家庭系统外寻找一个能够在一定时期内承担这个角色的人。

2. 弗洛伊德的心性发展理论

弗洛伊德的心性发展理论指出：在同性期（7～11岁），儿童有与同性别的父亲或者母亲亲近，向其模仿和学习的需求。[①] 小怡在成长过程中的这一需求没有得到满足，在社工服务的过程中，小怡多次明确表示自己希望有“姐姐/年轻的阿姨”陪伴自己。

（二）问题界定

1. 服务家庭基本情况

微观层面：小怡个人没有生理、情绪、行为问题。小怡同辈关系正常，

① 隋玉杰，杨静．个案工作［M］．北京：中国人民大学出版社，2007：224.

在学校与同学关系良好。小怡奶奶表示小怡需要提高学习成绩。

中观层面：小怡家庭的主要成员是小怡及其奶奶，小怡母亲不与小怡一同居住，偶尔联系。小怡与父亲关系颇为密切，小怡父亲每月都会给小怡打电话，但有时候小怡不在家，存在偶尔接不到电话的情况。小怡基本上每年探监一次。

小怡家庭的主要支持系统是小怡的姑姑和小怡奶奶的朋友。小怡所居住的区域为城市的回迁社区，社区内主要的居民都是原来村中的村民，彼此关系密切。小怡所在社区为小怡申请了“事实无人抚养儿童”的补贴。其家庭生态系统如图 5－2 所示。

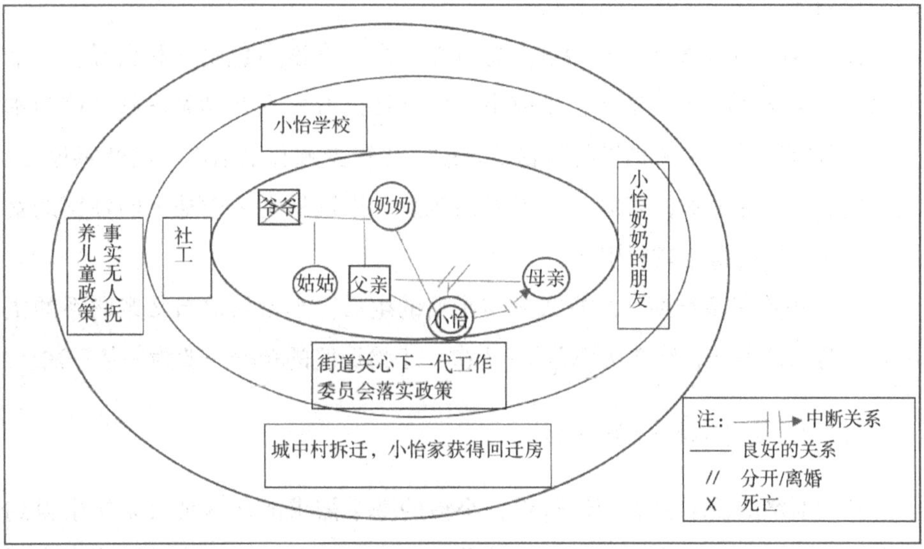

图 5－2　服务对象家庭生态系统图

2. 服务家庭基本问题

在实际的服务中，社工的评估是随着与小怡一家的关系的逐步推进而完成的。在服务的初期，社工面对小怡奶奶提出的诉求，先为她链接了部分社区资源，取得了家庭的信任；之后，社工越来越多地观察到服务家庭中存在的其他问题，在合适的时机与小怡奶奶沟通，也得到了小怡奶奶的确认。这些问题基本如下。

（1）小怡的安全问题。小怡的母亲已经离开小怡，但曾经去小怡的学校找小怡。小怡奶奶担心小怡独自在家时被人拐骗，所以经常将小怡反锁在家，这样如果家中出现安全问题，小怡无法自救。

（2）小怡本人的自我认知。在家访的过程中，社工发现小怡对自己的评价比较负面，比如常说“我很笨”。

社工发现小怡出现这个问题的原因是她周围的人给小怡的负面评价。比如：小怡的奶奶曾经当着社工的面评价小怡的学习成绩差；小怡平常住在托管中心，托管老师也对小怡有负面评价。

在家庭方面，家访时社工发现小怡的奶奶多次在小怡面前向社工诉说家中的经济情况，以及小怡母亲曾经给家庭带来的影响。在这些情境中，小怡的脸色黯淡，有一次甚至当场流泪。

（3）小怡母亲离开，小怡进入青春期，需要女性角色陪伴和引导。小怡的母亲长期缺席小怡的生活，目前小怡的支持系统中只有姑姑。姑姑因为本身家庭负担很重，主要提供的是物质帮助，比较少触及小怡内心的情感世界。出于保护小怡的考虑，家庭与外界联系较少，小怡的生活中缺少同性别的女性角色对小怡的情绪进行引导。

（4）小怡父亲长期无法直接参与小怡的生活。小怡目前与父亲联系的主要方式是亲情电话，频次为每月 1～3 次。小怡探监的频率一般为一年一次。

五、个案目标及服务计划

从马斯洛的需求层级理论来看，小怡的基本需求能从其现有系统中得到满足。她家有基本收入，也有稳定的监护人。她需要的是在成长过程中有同性别的成年女性陪伴自己。这一需求得到了小怡奶奶和小怡本人的确认。

情况	个案目标	服务计划	结果
1. 小怡奶奶为了保证独自在家的小怡的安全，会将她反锁在家	保证小怡的安全	社工与小怡奶奶探讨小怡被反锁在家的安全隐患，并制定相应的策略	小怡奶奶交给小怡备用钥匙，确保小怡独自在家时的安全

续表

情况	个案目标	服务计划	结果
2. 小怡的自我评价较低，表示自己“很笨”	帮助小怡建立正确的自我认知和树立正面的自我形象	社工将观察到的小怡的表现告知小怡奶奶，鼓励小怡奶奶采用正面的方式对小怡的行为给予反馈	小怡奶奶和小怡父亲开始用积极的方式回应小怡的表现
3. 小怡母亲离开，小怡生活中缺少年轻的女性角色	小怡获得同性别成年人的陪伴	社工结合青少年发展阶段和机构的使命及理念，询问小怡家庭小怡是否有此需求，得到小怡家庭肯定后，社工记录小怡期望的志愿者特质，并开始招募合适的志愿者	个案已经结案，但社工一直在寻找合适的志愿者
4. 小怡父亲长期无法直接参与小怡的生活	小怡与父亲之间保持积极稳定的沟通	在征得小怡奶奶的同意后，社工引导小怡给父亲写信，并且社工自己也给小怡父亲写信，分享小怡的主要经历，鼓励小怡父亲通过信件与小怡探讨主要问题	小怡给父亲寄出几封信，但小怡父亲只是在电话中“回信”给小怡，并未通过传统的书信形式给小怡回信

六、阶段性服务记录

时间	方式	主要事项	介入重点及结果
2019 年 7 月	家访	接案，评估小怡家中基本情况和需求	获得小怡家庭基本情况信息，与小怡家庭口头达成服务意向
2019 年 8 月	家访	1. 了解小怡奶奶将小怡反锁在家中的原因和深层需求 2. 了解小怡父母的近况及小怡与父母的关系	1. 与小怡奶奶讨论将小怡反锁在家中的风险和可以调整的方案 2. 评估小怡与父母的关系
2019 年 8 月	家访	1. 与小怡奶奶讨论保证小怡安全的方式 2. 对小怡的同辈关系进行评估 3. 从小怡的角度评估小怡与母亲之间的关系，评估小怡生活中的自然支持系统	1. 社工与小怡奶奶制订了计划，确保小怡在家中的安全 2. 社工了解到小怡母亲曾经对小怡造成的伤害及小怡希望继续与父亲保持联系的愿望 3. 社工发现小怡姑姑对小怡心理层面关注较少

续表

时间	方式	主要事项	介入重点及结果
2019 年 10 月	家访	鼓励小怡与父亲通过书信的方式沟通	社工与小怡谈完小怡近期的情况后，小怡将谈话的内容通过写信的方式告知父亲
2019 年 10 月	家访	1. 社工带负责课业补习的志愿者与小怡家庭见面 2. 了解小怡家庭对于小怡参加机构小组活动的意愿	1. 志愿者与小怡成功认识并开始进行课业补习 2. 小怡家庭对于机构组织的小组活动和探监态度不明朗
2019 年 12 月	家访	1. 跟进小怡与父亲之间的通信进展 2. 再次询问小怡家庭对于参加小组活动和探监的意愿	1. 社工与小怡讨论了小怡的同辈关系，小怡表现出对同龄异性的兴趣，但是不愿意与奶奶分享，经过小怡的同意，社工鼓励小怡奶奶多了解小怡对于同龄人的想法 2. 小怡奶奶拒绝了机构组织的小组活动和社工带小怡去探监的提议
2020 年 1—5 月	电话/微信沟通	1. 社工了解小怡家庭在疫情期间的需求是否得到保证，以及小怡与父亲之间的关系	1. 小怡家庭在疫情期间的基本需求都得到了保证，社工尽力通过机构为小怡家庭联系了基本的防疫物资 2. 小怡与父亲之间保持了正常的通话，但没有书信往来
2020 年 5 月	家访	1. 肯定小怡家庭在疫情期间的能力 2. 了解小怡对于同性别成年人的需求 3. 跟进小怡在同辈关系方面的需求 4. 了解小怡与父亲之间的联系 5. 询问小怡家庭对于参加下一次小组活动的想法	1. 社工发现小怡自我认知很低，与小怡奶奶沟通后，发现小怡身边的成年人对小怡经常有负面的评价，社工鼓励小怡奶奶采用积极正面的方式与小怡沟通 2. 小怡与社工讨论了自己的梦想，并列出“追梦计划” 3. 小怡表示自己愿意继续与父亲保持通信联系 4. 小怡奶奶与社工评估了小怡的姑姑目前的状态，确认小怡姑姑无法满足小怡的情感需求 5. 小怡奶奶再次不明确表示会参加机构组织的小组活动
2020 年 5 月	微信	询问小怡家庭对于参加小组活动的决定	小怡奶奶明确拒绝参加小组活动

续表

时间	方式	主要事项	介入重点及结果
2020 年 6 月	家访	1. 跟进小怡奶奶“正面管教”的执行情况 2. 鼓励小怡在父亲节的时候给父亲寄卡片 3. 跟进上次小怡列出的行动计划	1. 本次家访通过观察小怡的神态和言语，发现小怡的自我认知提升了不少，后与小怡奶奶确认，发现小怡奶奶和父亲近期对小怡的鼓励不少，“正面管教”初见成效 2. 小怡给父亲画出父亲节卡片 3. 小怡调整了“追梦计划”
2020 年 9 月	家访	1. 跟进小怡的“追梦”计划 2. 跟进小怡家庭探监事项	1. 社工发现小怡暑期在执行“追梦计划”，给予了肯定 2. 小怡奶奶解释了自己不愿意带小怡去探监的真正原因
2020 年 11 月	家访	1. 结案，肯定小怡家庭的能力 2. 了解小怡家庭对于志愿者的具体需求	1. 与小怡家庭解释了结案的原因和方式 2. 小怡与小怡奶奶清晰表述了希望年轻的同性别成人来陪伴小怡的需求，双方就此达成明确共识

七、评估

（一）介入效果评估

经过一年多的服务（期间因为疫情，有 5 个月只有微信和电话联系），该个案四个目标中有两个（安全问题和自我评价）已经达成，另外两个仍然在进展中，需要第三人的配合。在与父亲的沟通方面，虽然小怡在信中一再表示希望父亲能给自己回信，社工也经常去信言明与青春期的小怡交流的重要性，但是小怡的父亲始终只愿意在电话中与小怡交流；在为小怡链接“知心姐姐”这件事上，因为一直没有招募到合适的志愿者，只能等待时机。

（二）介入过程评估

在服务的过程中，如上所述，社工并没有“一步到位”，而是在服务中与服务家庭建立彼此信任的关系后，结合评估的结果和儿童发展阶段的需求，提出自己的看法，并与其养育人商定服务的目标。

在服务的"效率"上，回顾整个个案的发展脉络，社工发现如果能在合适的时间使用"澄清"和"面质"技巧，服务的时间其实可以缩短。

首先，小怡的家庭系统比较简单，其养育人的能力和资源也比较充足，小怡最大的需求就是希望有一个"大姐姐"能陪伴自己成长。在回顾服务过程时，社工发现，在评估之后，社工花了太多时间反复询问服务家庭的自然支持系统中的人是否能够承担这个角色，其实当服务家庭一再表示小怡的姑姑无法承担这个角色时，社工就应该立即启动机构的志愿者资源，这样小怡的需求能够尽早得到满足。

其次，社工应该在合适的时机通过"面质"的方式来确认小怡的家庭是否愿意参加机构的活动。每次社工询问的时候，小怡家庭总是用看起来很客观的理由拒绝。一直到服务的后期，小怡奶奶才直接告知自己的态度及原因。其实，社工与小怡奶奶的关系是很不错的，如果社工在合适的时机直接用"面质"的方式询问小怡家庭真实的想法，也会少走不少弯路。

八、社工服务反思

（一）从个案看限制人身自由人员未成年子女的普遍需求之一

小怡希望有个大姐姐或者阿姨陪伴自己，这个需求在限制人身自由人员未成年子女当中其实很普遍。在我们服务的个案中，孩子父亲入狱后，大部分的母亲选择了离开孩子，重组家庭，爷爷奶奶们承担了养育者的责任。虽然有的爷爷奶奶年纪并不是很大，但是与儿童/青少年之间却有比较大的年龄差，在这种情况下，一个同性别的、年龄适合的成年人，能弥补父/母的角色缺失，成为陪伴孩子成长过程中重要的人。这个成年人，最理想的是孩子们本来的生活圈中的人，比如家中的亲戚、所在社区或者村庄的熟人，或者学校的老师。这些资源是社工应该首先去发掘的。如果没有这些资源，社工需要在其他系统中寻找合适的人，比如建立机构的志愿者团队。

此外，社工发现，小怡的奶奶对孩子的安全十分看重，有的时候甚至会让社工觉得有点保护过头。对于机构组织的活动，小怡奶奶从未让小怡参加，理由是自己没有办法接送，这在一定程度上限制了小怡在家庭之外与同龄人相处。其实，在服务过程中，有的时候社工对小怡的奶奶颇有微词。后来，小怡奶奶的一句话解开了社工心中的疑虑："不是我不信任你们，而是因为她是个女孩，我得确保她的安全。等她爸爸回来，我得把她交到她爸爸手上，不能出任何问题。"爷爷奶奶的角色不同于父母的角色，担心无法对服刑回来的子女交代，也是很多服刑人员的父母的顾虑所在。这种担忧导致承担养育责任的祖父母们，考虑的是一些非常具体，看得见、摸得着的问题，比如安全、健康和学习成绩，而一些看不见的需求，比如情绪、心理和人际关系，除非到了严重的地步，一般不会成为首要考虑的问题。在这种情况下，社工除了评估服务家庭能表述出来的需求，也需要承担一个教育者的角色，带领爷爷奶奶们了解一些"看不见"的需求，与服务家庭商讨孩子们全面的需求是什么。

（二）伦理困境

在服务的过程中，小怡奶奶透露了自己当年如何通过托关系帮助小怡父亲逃亡，在听到这些的时候，社工心里非常纠结。社工在思考自己作为公民是否有举报的责任，后来，社工咨询了本地司法界的专家，认识到一点：该案既已审结，社工首先需要考虑的是与小怡一家的专业关系，而不是作为公民的道德。这样说似乎有点惊世骇俗，但是仔细思考，确实是这样。专业伦理绝不能触碰法律的底线，但不需要提升到个人的道德层面。伦理是保证服务对象的权益能够被保护，而道德却是对自己的要求，不能在服务中替代伦理。在本土社会工作发展的过程中，我们似乎更看重技巧和专业能力，却比较忽视伦理实践。我们希望随着本土社会工作的发展，社会工作的伦理标准能够不断成熟，成为极易操作、适应本土文化的原则。

（三）实务困境及寄语

本案中，社工、小怡本人、她的养育人都在努力为小怡寻找"知心姐姐"，但是直到结案，社工仍然没有办法找到合适的资源：一位年龄、性别都合适的志愿者，来满足小怡的需求。社工并不是万能的，其职能的发挥需要有成熟的、稳定的中观和宏观系统的配合。其实，社工常常会感到无力，因为服务对象的需求需要整个中观甚至宏观系统的成全。但是，不被不理想的现实困住，尽力在小范围内寻找解决问题的方法，同时接受自己不过是普通人的事实，应是社工在实践中逐渐修炼出来的态度。

第六章　创伤视角和抗逆力理论支持下的个案工作

创伤（trauma）近年来在社会工作服务领域日渐引起关注，尤其在儿童保护领域。在服务被暴力对待的未成年人时，如何面对并进一步处理服务对象的创伤，在做好危机干预的同时不引起服务对象的应激反应，是社工需要认真思考、对待的事情。不少新手社工在面对服务对象的创伤时常常感到紧张，担心自己处理得不合适会造成严重的后果，因此在服务中有意回避服务对象的创伤经历；与此对应的则是另一种态度：认为服务对象曾经历过的创伤事件一定会给服务对象带来影响，创伤记忆必须被处理。其实，不论是第一种还是第二种态度，都不是合适的。社会工作的基本原则之一就是“服务对象自决”，若服务对象本身没有意愿，且经过社工评估之后没有实际的需求，社工需要遵从服务对象的意愿，而不是让自己所谓的“专业判断”取代服务对象本身的意愿。

如何判定创伤是否需要被处理？临床的评估标准是创伤记忆是否对服务对象现在执行其社会功能已经带来了障碍，比如，创伤后的应激反应是否使服务对象无法正常生活、工作；创伤本身给服务对象现有的人际关系是否带来困扰；等等。此外，创伤疗愈和抗逆力的视角同等重要。人脑有复原的功能，人本身的生理、情绪特点，以及来自他人的影响，都会在创伤事件后启动，给经历过创伤的人带来正面或者负面的影响。

在我们服务的 CIP 中，其实不少孩子都或多或少地经历过不同程度的创伤。父母因不同的原因被限制人身自由会使孩子的生活产生骤然改变。其实，我们发现给儿童带来更大伤害的也许并不是父母服刑或者被强制戒毒，而是另一方父母在家庭变故发生后选择离开孩子。这是第二次的伤害，也是需要社工在与儿童建立了更深的关系后需要评估的。

在这一章，我们选择的案例是经历了一个极大创伤的家庭。在很多的案例中，父/母入狱的原因是伤害了家庭之外的人，比如因抢劫、偷窃、贩毒、伤害（他人）入狱，但是也有不少父/母入狱的原因是对家庭成员的伤害。有的家庭是父亲伤害了母亲，而有的家庭是父母伤害了孩子。这种情况给家庭所带来的影响更加复杂。家庭如何从创伤后修复？如何看待那个伤害了自己的家庭成员？这样的家庭还有关系修复的可能吗？还有必要进行亲子关系的修复吗？社工在这个过程中需要做什么？如何按照家庭的需求层级提供服务？我们希望借由下面的案例与你一起探索。

案例八：从被亲人暴力伤害的梦魇中醒来

——如何与经历过创伤的家庭工作

复和社工　李佳俪　　复和实习生　郝胜男[①]

一、基本资料

服务对象姓名：小舟（化名）

性别：男

年龄：10 岁

二、个案来源

接案时间：2018 年 7 月。

接案途径：该个案是由本地的一家未成年人保护机构转介。在社工提供服务前，该未成年人保护机构已经为该个案家庭申请了基本的政府救助，且服务对象家庭属于精准扶贫户，已享受精准扶贫的相关政策。

---

① 郝胜男，西北大学哲学学院社会工作硕士研究生，2020 年 9 月至 12 月在复和实习。本案例由李佳俪、郝胜男根据个案服务记录及服务过程编写而成。

三、个案背景资料

（一）引发事件

小舟父亲因对小舟及其母亲实施暴力伤害而被判刑。案发时，小舟的母亲为保护小舟的生命安全被小舟父亲砍伤，因此造成了严重的肢体残疾并因视神经受损而失去了全部的视力。小舟身体多个部位也受到了不同程度的伤害，但经过医治后基本恢复健康。该事件发生后，小舟一直是与母亲及外公外婆共同生活。

（二）服务对象个人情况

小舟本人的健康状况良好，并未因事故造成任何身体残疾。小舟受监护情况良好，与家人的关系良好，比较依赖母亲。小舟的学业情况一般，在学校的人际关系也一般。小舟遇到困难或挑战时比较爱哭，个性较为怯懦。

（三）服务对象监护人情况

小舟母亲是小舟的主要监护人，因身体残疾导致自理能力较弱，并且基本丧失劳动能力。此外，小舟母亲的身体状况也导致其对小舟的监护能力下降。虽然小舟母亲对于小舟的照料和监管能力下降了，但对待小舟仍然是爱护有加，很重视小舟的学习和教育。鉴于小舟母亲的身体状况，小舟的外公外婆作为小舟的养育人，也承担起了对小舟的照料和管教责任，以弥补小舟母亲监管能力不足的缺陷。

小舟外公外婆的身体状况均良好，小舟外公是家中唯一的劳动力，靠打零工来维持生计。小舟外婆则承担起照顾小舟母亲和小舟的责任。

（四）服务对象家庭情况

小舟家的居住条件和安全状况较好。家庭的主要经济来源是政府补助，以及小舟外公打零工的收入。由于之前为了给小舟和小舟母亲治疗，基本花光了家里的积蓄，所以家庭经济条件比较一般。家庭成员之间的关系也不算融洽，由于小舟外公爱喝酒且脾气不好，因此经常与家人发生争吵，家庭气氛较为紧张。

小舟一家的自然支持系统较弱，因为案件发生之后，小舟的外公嫌家里的亲戚没有为小舟和小舟母亲提供帮助，遂与亲戚发生争执，后来就不再与亲戚有来往。

四、问题分析

（一）理论分析

1. 家庭系统理论

家庭系统理论强调以系统的视角来理解家庭及家庭成员的问题。因为家庭是一个相互影响、相互关联的系统，当某个家庭成员的情绪、心理和行为出现问题时，社工需要通过干预家庭系统来共同解决问题。在该个案家庭中，服务对象个人的行为偏差及人际界限问题的产生其实是家庭系统中亲子次系统功能受损引起的。首先，由于小舟父亲入狱、小舟母亲残疾，造成家庭亲子次系统中父母作为小舟的监护人的职能缺失，因此小舟在监护和管教不足的情况下出现了明显的行为偏差问题。其次，家庭系统中父亲角色的缺位，导致小舟缺乏父爱，缺少成年男性的支持和引导，尤其是缺少性别意识和社会性别角色发展方面的引导，导致小舟在人际界限方面也出现问题。

2. 抗逆力理论

抗逆力是个体所具有的抗御困境并恢复正常适应的能力。抗逆力理论指出每个人都有抗逆力，而逆境和压力是帮助个体唤醒抗逆力，激发个体潜能的外在条件。该理论还强调个体自身和其环境中的保护因素能够促使个体产生自我平衡能力，并激发个体的抗逆力。反之，如果个体自身及生活环境中缺乏有效、良性的保护因素，个体就会遭遇混乱导致功能失调，甚至心理瓦解①。从抗逆力视角来看，小舟母亲对小舟的关心和爱护是其最大的保护因素。另外，小舟外公外婆对小舟及小舟母亲的照顾和支持，家庭生活环境的

① 隋玉杰，杨静．个案工作［M］．北京：中国人民大学出版社，2007：290－292.

稳定，也是良好的保护因素。所以这些积极的保护因素，使小舟在经历过创伤事件之后，能够展现出自身抗逆力和较好的适应能力，没有表现出明显的心理创伤和精神健康问题。

（二）问题界定

由于小舟目睹和经历了整个暴力犯罪的过程，并且身体上也受到了较严重的伤害，因此社工认为首先需要对小舟的精神健康状况进行了解和评估，了解小舟在经历过这样严重的暴力伤害之后是否存在心理创伤或其他精神健康问题。

小舟母亲在事发时为了保护小舟的生命安全，自己身体上受到了严重伤害，造成身体残疾，使其自理能力及劳动能力均受到严重损害。因此小舟的母亲需要相关的医疗救助以帮助其恢复身体机能，提升行为及劳动能力。另外，由于小舟母亲的身体状况，也使其对小舟的监管能力受到影响，在小舟出现行为偏差时不能及时提供有力的监督和管教，因此小舟母亲的亲职能力也需要支持和提升。

由于小舟父亲入狱，其家庭结构中父亲角色缺位，造成小舟从小缺乏父爱，内心非常渴望来自成年男性如父亲般的关爱和陪伴。因此小舟的班主任（男性）在与小舟的互动中出现超越师生界限的举动时（疑似猥亵），小舟并没有表示拒绝或反抗，并且也不希望母亲去找班主任，小舟甚至担心班主任会不搭理自己。小舟的这种反应也说明了他内心渴望父爱的需求，因此需要社工进行及时介入和引导。

五、个案目标及服务计划

（一）个案目标

增强服务对象母亲独立生活的能力，并提升其亲职能力；改善服务对象的行为偏差问题，引导服务对象建立健康的人际关系界限；促进服务对象家庭成员之间的关系。

（二）服务计划

介入阶段	主要内容	介入方式	负责人
第一阶段：2018 年 7 月—2018 年 10 月	1. 与小舟及其家庭建立信任关系和专业的工作关系 2. 了解小舟家庭的自然支持系统资源，评估小舟及其家庭的困难和需求 3. 与小舟一家共同商议服务目标和工作计划	个案工作	社工
第二阶段：2018 年 11 月—2019 年 11 月	1. 增强小舟母亲的独立生活能力：为小舟母亲链接医疗救助资源，进行康复治疗 2. 提升养育人的亲职能力：开展亲子工作坊，增进小舟与母亲之间的关系，提升小舟母亲的亲职能力 3. 针对小舟的个人目标：在学业方面为小舟链接相关学习资源，在两性界限方面协助小舟母亲为小舟提供相应的支持和引导 4. 促进家庭成员间关系：帮助小舟一家应对小舟外公情绪化的表现，促进家庭成员之间的关系	个案工作，亲子工作坊	社工，小舟的母亲及外公外婆
第三阶段：2019 年 12 月—2020 年 10 月	1. 针对小舟的人际界限和行为偏差问题：重点跟进小舟的在校表现及人际关系情况，协助小舟母亲加强对小舟的监护和引导 2. 提升养育人的亲职能力：支持和帮助小舟母亲提升亲职能力，促进其与小舟的沟通，增强对小舟行为问题的监管 3. 促进家庭成员间关系：主要协助解决小舟外公和外婆之间的矛盾，以改善家庭成员之间的关系	个案工作，危机干预	社工，小舟的母亲及外公外婆
结案阶段：2020 年 11 月—2021 年 1 月	1. 与小舟一家探讨结案阶段的相关事项 2. 为小舟母亲链接志愿者资源，以帮助其巩固和提升亲职能力 3. 继续邀请小舟参与机构活动，为其链接志愿者大哥哥以获得长期的陪伴和支持 4. 结束服务，处理离别情绪	个案工作，个案管理	社工，小舟的母亲及外公外婆

六、阶段性服务记录

日期	方式	主要事项	介入重点及结果
2018 年 7 月—2018 年 10 月	家访、电话、户外活动	1. 接案，与服务对象及服务对象家庭建立信任和专业工作关系 2. 了解服务对象家庭的基本情况，家庭成员之间的关系及互动情况 3. 评估服务对象及其家庭的困难和需求，并与服务对象家庭共同商议服务目标和工作计划	1. 社工通过亲子工作坊、户外活动及家访，与小舟及其家庭建立信任关系 2. 通过家访和面谈，社工了解到小舟一家的基本生活状况良好，但可获得的资源和自然支持系统较弱 3. 该阶段小舟一家表达的主要需求是为小舟母亲进行康复治疗，帮助其恢复自理能力，因此社工计划为小舟母亲链接相关的医疗救助资源
2018 年 11 月—2019 年 11 月	家访、电话、亲子工作坊	1. 为服务对象母亲链接医疗救助资源，进行康复治疗 2. 了解服务对象的精神健康状况，并为服务对象在学业和人际界限方面提供支持和引导 3. 协助服务对象监护人提升亲职能力 4. 帮助服务对象家庭应对服务对象外公饮酒及情绪化的问题，促进家庭成员间关系	1. 社工为小舟母亲链接到本地的医务社工机构和残疾人服务机构，并协调相关机构为小舟母亲制订救助方案及康复治疗计划，并推进计划的执行；最后顺利为小舟母亲安装了义肢，做了修复手术，大幅提升了小舟母亲的自理及行为能力 2. 社工了解到小舟在暴力伤害事件发生后的一段时间里经常做噩梦，但并不影响正常生活，之后情况也基本好转，因此社工评估后认为小舟不需要进行心理干预或治疗，但社工会继续关注小舟的心理健康；在学业方面，社工为小舟链接到了英语补习及英语夏令营等学习资源；小舟母亲反馈小舟从夏令营回来后有所改变，比以前懂事了，希望以后还可以参加类似的营会活动；在人际界限方面，社工了解到小舟仍与母亲同睡，因此引导小舟母亲认识到在性别意识和两性界限上需要对小舟进行引导和教育，并开始有意识地培养小舟独立生活的能力，小舟母亲表示认同并在社工的协助下逐步落实相关的服务计划 3. 社工邀请小舟母亲和小舟参加亲子工作坊，增进小舟与母亲之间的关系，帮助小舟母亲提升亲职能力。小舟母亲觉得活动很有意义，希望以后能继续参加

续表

日期	方式	主要事项	介入重点及结果
2018年11月—2019年11月	家访、电话、户外活动		4. 在家庭成员关系修复方面，社工通过开展家庭会议引导小舟的家人探讨小舟外公的情绪化和喝酒的问题，并共同制订了家庭计划，帮助小舟外公控制情绪和饮酒次数，促进家人之间的相互包容和理解
2019年12月—2020年3月	家访、电话	1. 跟进服务对象学习情况及在校表现，继续为服务对象在学业和人际界限方面提供支持和引导 2. 协助调解服务对象外公外婆之间的矛盾，改善服务对象家庭成员之间的关系 3. 了解疫情期间服务对象家庭的情况及需求	1. 社工通过小舟母亲了解到小舟学校的班主任老师（男性）疑似对小舟及另外几名男同学有猥亵行为。但是小舟母亲表示小舟很喜欢和老师之间的这种互动，表示不希望母亲去找老师或者告诉别人。社工与小舟母亲进一步了解了事情发生的情境，并探讨帮助小舟远离被猥亵的方法，以防止伤害行为的继续发生，同时讨论对老师猥亵行为的取证方式，可以为日后维权做准备。另外，从小舟对老师的行为的反应来看，社工认为小舟由于缺乏父爱，所以很渴望成年男性的关爱。因此小舟并不排斥与老师的这种互动，所以社工建议小舟母亲加强对小舟每天在校情况的跟进，为小舟提供及时的监管和保护，小舟母亲表示同意 2. 在家访和家庭会议中，小舟外公表示希望小舟外婆能多承担家务，小舟外婆及小舟母亲则希望小舟外公少喝酒并能够控制情绪。从家庭计划的执行情况来看，小舟外公喝酒和发脾气的次数有所减少，但仍有反复的情况；小舟外婆在承担家务方面却没有明显改善。社工将继续跟进和鼓励小舟的外公外婆执行计划，改善两人之间的关系 3. 在疫情期间，小舟一家的基本生活需求都能够得到满足。小舟疫情期间在家使用手机上网课，小舟母亲发现小舟用手机玩游戏并充值了1万余元。对此小舟母亲非常苦恼，社工与小舟母亲一起探讨解决方案，包括通过游戏公司客服、消费者投诉热线、媒体曝光等方式来追回充值款，最后小舟母亲决定尝试与游戏公司客服沟通来处理此事

续表

日期	方式	主要事项	介入重点及结果
2020年4月—2020年10月	家访、电话	1. 继续跟进服务对象的行为情况，为服务对象的行为偏差问题提供教育和引导 2. 协助服务对象母亲提升亲职能力，以增强对服务对象行为问题的监管，引导其应对人际界限问题 3. 跟进服务对象外公与家人之间的关系，促进家庭成员间的联结	1. 社工继续跟进小舟游戏充值的问题及小舟母亲沟通退款的情况；社工帮助小舟母亲与小舟制定规则，让小舟明白自己行为的后果并为之承担责任，以促进小舟对问题的认识，并从中吸取教训进而获得改变和成长 2. 社工引导小舟母亲加强对小舟使用手机问题上的监管，并教授小舟母亲与小舟制定规则与计划、设立界限等技巧，帮助小舟母亲提升对小舟的管教能力。另外，在沟通退款的事情上，社工通过赋能的方法鼓励小舟母亲自己跟游戏公司客服联系和处理，并相信小舟母亲有能力解决问题。之后小舟母亲经过反复与客服沟通协商，配合提交材料等，最终成功追回了充值款项 3. 社工继续跟进家庭计划的执行情况，并在小舟外公与家人的互动和关系方面提供支持和引导，促进家人间的沟通和理解
2020年11月—2021年1月	家访、电话	1. 计划结案并与服务对象家庭探讨结案阶段的相关事项 2. 为服务对象母亲及服务对象链接志愿者资源，为服务对象家庭继续提供支持 3. 结束服务	1. 社工与小舟一家解释了结案的原因和方式，总结其家庭目标的达成情况，并肯定了小舟母亲在服务过程中的改变以及获得的能力，以巩固服务效果 2. 社工了解了小舟母亲对志愿者的具体要求和想法，以便能为其匹配到合适的人选；社工继续邀请小舟参与机构的同辈支持小组活动，并尝试为小舟对接适合的志愿者大哥哥，在其成长方面继续提供支持和陪伴 3. 正式结束服务，社工完成结案相关文件资料的整理。因该家庭服务时间较长，小舟母亲对于结案的相关情况也比较清楚，所以并未产生过度的离别情绪，顺利完成结案

七、评估

（一）介入效果评估

从社工服务介入的效果来看，该个案家庭的三个服务目标都已基本达成。

第一个目标是增强服务对象母亲的独立生活能力及提升其亲职能力。社工通过帮助小舟母亲链接医疗救助资源，使其在身体方面得到了较好的治疗和恢复，身体机能和行为能力得到了有效的改善和提升。目前小舟母亲在日常生活中已经基本能够自理，整体健康状况良好。另外，在社工的支持和鼓励下，小舟母亲不断探索和尝试自主创业，并通过专业培训和自主学习掌握了一项职业技能，之后能够靠着这项技能逐步实现经济独立的目标。在提升亲职能力方面，社工在服务过程中协助小舟母亲应对小舟的行为偏差和人际关系界限问题，并教授和引导小舟母亲学习使用亲子沟通、制定规则、设立界限等相关的技巧和方法，以帮助其提升亲职能力，能够为小舟提供更为及时有效的监护和管教。

该个案的第二个目标是改善服务对象的行为偏差问题，帮助其建立健康的人际关系界限。社工通过直接引导小舟，同时增强小舟母亲对小舟的监管和教育的方式，双管齐下来帮助小舟改善行为偏差问题，并协助小舟母亲引导和帮助小舟建立健康的人际界限。

第三个目标则是促进服务对象家庭成员之间的关系。社工通过组织开展家庭会议，以及与家庭成员单独面谈，引导家庭成员之间进行有效的沟通，学习表达自身需求，共同制订家庭计划，从而促进家庭成员间的沟通和理解，增强家人间的联结，最终达到改善家庭关系的目的。

（二）介入过程评估

从该个案家庭的整个服务过程来看，社工介入的重点是帮助小舟母亲提升独立生活能力和亲职能力。由于小舟父亲入狱，母亲残疾，导致小舟父母作为小舟监护人的职能缺失。因此，社工评估后认为该个案的服务重点首先是帮助小舟母亲提升行为和自理能力，然后根据小舟母亲身体的恢复情况调整其对小舟的监管方式。同时协助小舟母亲提升亲职能力，使其能够为小舟提供及时有效的监管，并有能力应对和解决小舟的行为偏差和人际界限等问题，从而在小舟的成长过程中为其提供充分的支持和引导。所以社工对小舟母亲独立能力和亲职能力的支持是贯穿在整个个案服务过程之中的。此外，在结案阶段，社工计划为小舟母亲对接一位女性爱心志愿者，使志愿者能够在社工服务结束后继续为小舟母亲在生活和教养方面提供支持和陪伴，来进一步强化小舟母亲在服务中获得的能力，巩固社工服务的效果。

从家庭系统的视角来看，小舟母亲生活能力和亲职能力的提升，使小舟母亲能够重新胜任作为小舟的监护人和照顾者的职能，从而使家庭系统中亲子次系统的功能得以正常发挥。在服务后期，小舟母亲的亲职能力提升后，可以看到小舟的行为偏差问题也得到了有效的改善，这与小舟母亲对其的监督和管教密切相关。另外，小舟父亲入狱造成家庭系统中父亲角色的缺位，使小舟缺少父亲的关爱和陪伴，这也进一步说明了小舟在与其班主任的关系中，表现出对班主任的依恋，并且不排斥班主任的越界行为的内在原因。这种情况的出现也让社工看到在“猥亵”事件的背后，小舟的内在需求其实是对父爱的渴望。因此，社工计划为小舟对接合适的志愿者大哥哥，在社工服务结束之后能够继续为小舟提供关怀和陪伴，并在小舟的行为及人际交往方面提供支持，发挥积极的榜样作用。此外，与服刑父亲的关系方面，小舟母亲并不排斥小舟与其父亲恢复关系。小舟母亲表示小舟的父亲虽然伤害了他，但始终是小舟的生父，因此不会阻止他们父子联系，只是想等到小舟自己有意愿重新与父亲恢复关系的时候再进行引导和支持。对于小舟母亲的想法，社工非常赞许，并表示，在结案后如果小舟未来有需求，仍然可以向社工寻求帮助和支持。

心路篇

第七章　社工手记之伦理篇

社会工作本土化的几个小反思

笔者一直认为一个社会学科之所以能成为一门专业，需要有几个元素：伦理、理论和技术。伦理是基础和底线，保证服务不会带来伤害，解决“做得对”的问题；理论考虑的是“怎么做”的问题，确保做的事情是有道理的，而技术考虑的则是“做得好”的问题。如果把建设一门专业比作盖一座房子，那么伦理就是地基，理论是钢筋框架，而技术则像砖块。最容易被看见的是技术，其次才是系统性的理论，而伦理却不容易被轻易看到。不过，即使我们没有盖过房子，也知道最重要的是地基。同样，在社会工作实务中，伦理虽然不容易被看见，但它的确是我们工作的基础。

当然，社会工作源于西方的价值观，那么其中所倡导的社会公义、价值中立等伦理，在东方的价值观中是否适用呢？是否需要调整呢？对此，笔者并没有绝对的答案，只是想要借由团队的一些反思，与大家一起探讨这方面的内容。

伦理这个舶来品一定水土不服吗

复和督导　廖陈林

在服务了一些家庭一段时间后，我们讨论让他们签署《服务协议》《肖像使用知情同意书》。此时团队中有不同的意见：有人认为这些家庭跟社工都已经很熟悉了，再去签协议，有点怪怪的感觉，让本来很自然的关系变得不自然了；也有人觉得我们服务的家庭多半是老人，文化程度不高，要跟他们解释协议，解释他们的权利，会使本来简单的事情变得复杂……

从社工的伦理和基本原则出发，我们还是草拟了基本的协议，一一将那些略显陌生的词汇解释给服务对象听。在这个过程中，发生了两件令我印象深刻的事情，都是关于《肖像使用知情同意书》的。因为在这之前，社工曾经与其他机构的社工一起去家访，在服务过程中都会拍照片，甚至是正面照，对此这些家庭都没有提出异议，所以，我们团队的社工以为大部分的家庭都会签署《肖像使用知情同意书》。谁知，当我们仔细解释了协议的内容和服务对象的权利后，有两个家庭明确表达了自己的意见：一家表示不愿意签署协议，因为不想被拍照；另一家则与社工约定什么可以拍，什么不可以拍。

那次的经验对我来说特别宝贵：签署协议、解释肖像怎么使用、得到对方的书面许可，这些对于我们来说，似乎都是舶来品，与我们熟悉的“熟人社会、关系”不是同一个认知体系中的内容。然而“熟人社会”并不意味着彼此之间不需要清晰的权利义务约定，而“关系”也并不能解决所有的问题。

社会工作的基本伦理和原则，体现的是对人的价值的尊重和以服务对象权益为中心。它并不专属于哪种意识形态，而是人普遍的需求和权利。

伦理这个“小”问题

复和督导　廖陈林

刚从国外回来的时候，我没想到自己会经常因为一些小事而与同事发生理念上的冲突，比如，能不能留自己的电话号码给服务对象，能不能借钱给服务对象，能不能接受服务对象的礼物，比如服务对象自家种的瓜、果、菜能不能收，能不能找借口跟服务家庭说自己吃过了饭，避免对方招待自己……

这些事情我以前不需要想，因为在一个社工行业发展得很成熟的体系中，什么该做、什么不该做，已经是行业内的共识。但是，当我回到本土的环境中，发现有些“共识”并不见得都是“共识”。比如，如果服务对象要送家里的瓜果蔬菜给我们，我们该拒绝吗？接受的话会不会让服务对象觉得我们是朋友，甚至会对我们的关系有所期待？但是直接拒绝会不会影响我们跟这些家庭的关系，让服务对象觉得我们太见外了？

当我再去审视那些我之前觉得理所当然的“共识”的时候，才发现：我以为的理所当然的“共识”很多都是实践中的具体操作，它们之所以能够成为清晰的操作层面的共识，是因为在它们之上的原则和理念已经被厘清了。这些原则和理念的根基是伦理，而伦理又不可避免地受到其所在社会文化和价值观的影响。比如，与服务对象发展双重关系这件事，从表面上看是专业界限的问题，其实本质上是权力不对等会导致的剥削和压迫的问题。所以，不仅仅是社工，教师、医生、心理咨询师等都清楚这是行业大忌。教师不能与学生产生恋情（即使双方都是成年人），因为教师是手中掌握资源的一方；医生、心理咨询师、社工也不能与服务对象产生亲密关系，因为这些行业的从业人员会因为自己的职业，而掌握服务对象很多的隐私，这种地位、资源上的不平等，本身就会带来压迫和剥削的隐患。

再比如，“诚信（fidelity）”在不少社会都是非常重要的事情，而什么属于“诚信”问题，什么可能并不是“诚信”问题，在不同的社会则可能有不同的标准。对华人来说，很多时候，我们可能会用一个“借口”或者“善意的谎言”来避免直接拒绝其他人，这种“借口”算是“谎言”吗？当社工不想要因为破坏关系而用善意的借口拒绝服务对象的好意时，这种行为符合伦理吗？

在人情社会和专业关系中，我们要找到什么样的平衡，才真正符合社工伦理呢？本土化一定会模糊原有的原则和伦理吗？这个问题的答案并不是非黑即白，而是需要回到伦理和原则的出发点，在本土的文化中来解释和应用。很多的问题，我们也许并不能一下子找到答案，也不一定会有统一的答案，但我相信，回到伦理的初心，在处境中不断探讨、实践，会有越来越清晰的方向。

专业界限与权力不对等

规则和界限是不是对社工的束缚

复和督导 廖陈林

这几年未成年人保护的法律和政策越来越完善，对我们服务未成年人的社工来说，是一件好事。有法可依意味着有界限和原则了，能保护自己也能保护服务对象，但这就回到一个话题：规则和界限是不是对社工的束缚！

记得以前在美国当社工的时候，因为服务对象中有未成年人，所以有不少的规则。刚开始的时候，我经常处于焦虑和担忧中，担心自己做错事，影响自己的执照，更担心给机构带来法律上的麻烦。比如，虽然我们都作了背景调查，但是为了保护自己和服务对象，我们不能与未成年的服务对象在密闭空间单独相处；另外，强制报告责任就像我脑中一个时刻在线的警钟，每次感觉服务对象有受到虐待的可能性或者发现了一些线索的时候，警钟就开始鸣叫起来，让我精神开始高度紧张。有一段时间，我感觉自己几乎要“燃尽”了，总是在下班以后担心服务对象出问题，脑补一个又一个的灾难现场。这种紧张的状况持续了很久，后来才随着经验的累积而慢慢消散。这些规则和制度一方面给行业带来规范和保护，另一方面也确实让社工有如履薄冰的感觉。后来，我也发现，在这种严格精细的制度下，社工也会摸索出自己的对策，避免后果和麻烦，其中可能会引发的伦理问题，此处不探讨展开。

回来以后，我发现很多制度和规则还没出来，给我一种暂时可以松口气的感觉。那时我竟觉得自己自由了，暗暗想即使自己做错了什么事情，暂时也不会有什么严重的后果，因为很多细小的事情并没有明确的规定。但是我很快发现，模糊和没有规则，并不是好事，而是不断犹疑带来的疲惫、困惑和潜在的危险。就像沿着道路开车，若没有道路中间的那条线，也许司机在不知不觉间已经脱离了轨道，在拐弯处撞上山石或者撞上对面的车。原来，规则和界限的目的是保护人，而不是辖制人。没有规则和界限，并不是自由，而可能是灾难。

社工可以请服务对象给自己帮忙吗

复和助理社工　濮朵朵

在一次家访中，因为到访时间比较晚，结束家访时天已黑，服务对象家附近的公交车已停运且服务对象家位置偏远。于是在准备离开服务对象家时，想请服务对象的爷爷开他的三轮车将我和同事送到最近的公交车站。不过当时我心里对这个办法比较犹豫，为保险起见，询问督导此事是否可行。

督导问我："社工与服务对象之间是什么样的关系？"

我回答："服务对象与社工既不是亲戚，也不是朋友关系，就是工作关系。"

督导又问："如果服务对象并不愿意送，社工提出这个要求是否会给服务对象带来压迫？"

这个问题也是让我犹豫的主要原因，但没能想到"压迫"这个层面。

督导问："如果服务对象主动愿意送社工呢？"

我回答："因为我们之间是工作关系，还是不送比较好。"

督导继续问："那如果是亲戚或朋友的关系，可不可以送呢？"

想到如果是亲朋关系的话，我在心理上一下放松了，表示是可以送的。

接着督导提了一个终极问题："如果服务对象在送社工途中遭遇车祸，这个责任谁来负责？"

这时我已十分明确，请服务对象帮忙这件事不可行。因为除了专业关系不允许越界和责任界定这些比较凸显的因素，根本原因在于社工与服务对象爷爷之间存在"权力不对等"。社工是站在机构这个平台上，享有的权利和资源比服务对象家庭多，而服务对象是自然人。自然人面对有更多权利和资源的人，明显弱势，所以社工不能要求或请求服务对象爷爷送社工。

解决了社工是否可以请服务对象帮忙这个伦理问题，我心里还有一个疑问没有解决。那就是如果在家访中再遇到返回有困难的情况，社工该如何处理？或者说最终社工由谁负责？督导肯定地回复是"机构"！机构有责任将社工带回来。督导还告诉我要始终记得，这个责任在机构，而不在服务对象；另外，没有特殊情况不要将家访时间安排得太晚，这样既降低成本，又可保护社工。原来这个看起来简单的事件，其实除了需要考虑社工与服务对象之间的权力不对等的情况，还涉及机构在运营和管理上如何保护社工权益的问题。

“你们能不能来参加活动?” vs “你们有没有兴趣参加活动?”

——有时候，说话没有这么简单

复和督导　廖陈林

从2020年开始，我们开发了同辈支持小组服务。我们的初衷很美好——通过促进相同背景的儿童之间的联结、儿童和成年志愿者的联结，促进儿童的自我效能感和抗逆力。但是，在邀请孩子们来参加活动的时候，我们很快就发现，愿意来参加活动的孩子并不多，原因有以下几点：①不少年龄比较小的儿童需要由家长接送，而家长多半是爷爷奶奶，外出并不是很方便。②很多爷爷奶奶还需要外出挣钱，送孩子来参加活动意味着放弃一下午的收入，对很多家庭来说这不是小数目。③家长们还是希望孩子将时间用在能明明白白看见效果的事情上，比如上补习班，而不是参加看起来都是游戏的活动。

在这种情况下，招募小组成员就成了一个问题。虽然这些儿童都是我们通过个案服务已经建立关系的服务对象，但是在参加小组活动方面，他们还是不积极。有一天，我听到一个社工通过电话邀请儿童参加活动，对话如下：

“阿姨，我是复和的社工，我们这周六有一个活动，你们能不能带孩子来参加?”

“……”

“哦哦，我们明白，这个接送的确是个大问题，这样，上次我们带他们出去玩，孩子很开心，你看家里大人能接送一下吗?”

“……”

“好的好的，我知道了。”

那时，我忽然意识到了一个问题：我们说话的方式，其实表明了自己的立场和价值观。如果我们问对方“你有没有兴趣来参加?”，会不会是不同的效果?

我想起之前我询问一个家长，是否愿意让孩子参加我们的活动的时候，孩子的奶奶曾直接跟我说：“并不是我不想配合你们的工作，也不是我不信任你们，只是她是个女孩，我需要安全地把她交到她爸爸的手上。”

对方那句“配合你们的工作”忽然刺痛了我的心。社会服务什么时候变成了需要由服务对象来“配合”的工作？这样的话常常在什么样的场合出现呢？好像多半是出现在权力不对等的时候。比如，我需要配合我老板的工作，我的下属常常需要配合我的工作，我需要配合警察的工作。为什么人们不会对心理咨询师或者律师说这样的话呢？因为心理咨询师和律师提供以服务对象/客户的权益为中心的专业服务。这种定位和立场，不也是社会工作本身的价值观吗？那么，为什么服务对象会说出“配合我的工作”这样的话呢？

同样，当我们跟服务对象说“你能不能来参加活动”的时候，服务对象可能会想——如果我不来参加活动，会有什么后果？这些社工平常会帮我联系一些资源，如果不参加她们的活动，她们会不会不高兴，会不会影响我们的利益？在这样的情况下，如果服务对象真的想要拒绝社工的要求，他们真的会理直气壮地拒绝吗？如何让他们的回应，是没有心理负担的呢？也许，从“能不能来”变成“有没有兴趣来”，就是一个改变的开始。

社工如何对待服务对象的朋友圈

复和督导　廖陈林

最近几年，在社会服务领域，微信俨然成为社工用来联络服务对象的主要方式。与电话不同，微信除了发语音和文字的功能外，还有“朋友圈”这个功能。社工和服务对象互加微信后，意味着双方都能看到彼此的生活状态。这样做是否会混淆专业界限？社工在这个过程中该如何对待服务对象的朋友圈？在现今的处境下，不同的人有不同的看法。虽然我们的团队都统一使用工作手机联系服务对象，不存在服务对象看到社工个人朋友圈的情况，但团队中仍有不同的意见：

有的社工认为朋友圈仅限于“朋友”这种私人关系，社工与服务对象之间是工作关系，只需要通过微信、电话和面谈了解对方的近况，不应该去看对方朋友圈的内容。即使服务对象没有屏蔽社工，但如果服务对象发现社工在看自己的朋友圈，会有一种被“偷窥”的感觉。

也有社工将朋友圈视为与服务对象增进关系的桥梁。有的社工会关注服务对象的朋友圈，并通过评论服务对象的朋友圈来与对方建立关系。这名社工也会精心准备自己工作微信的朋友圈内容，将机构公众号的一些文章、社工组织的一些活动的简讯都推送到自己的朋友圈，这样做也是有明显的效果的。曾经有个服务对象，看到社工推送的政策倡导的信息后，发微信向社工表示感谢。

还有一位社工，会通过服务对象的朋友圈评估对方的现状。在我参与督导的时候，她说："我看服务对象最近的状况很好，他在跟朋友们见面，看起来很正常。"我能看到社工对服务对象的关注，但同时也需要跟她探讨几个问题："朋友圈的状态是不是他们真实的状态？朋友圈的内容是否应该纳入社工评估的范围呢？"

这三位不同的社工，都在我们的团队中。她们个性不同，处理事情的方式也不同。她们的做法是对的吗？说实话，我没有标准答案。对于第一位社工，我跟她说："我只能要求你及时回复服务对象的信息，但看不看他们的朋友圈，是你的自由。"但是，我更想问她的是："为什么你单单屏蔽那个服务对象的朋友圈？她朋友圈的什么内容引起了你的反应？是因为她分享的内容让你觉得不舒服吗？还是因为你害怕看到她的内容后，对她有偏见呢？这是你需要去思考的内容。"

对于第二位社工，我能看到她对待服务对象的心意。有些内容直接发给服务对象，对方可能会有压力，但如果朋友圈是我们个人对外展示的窗口，服务对象可以自己决定是否要看社工的朋友圈，在这种情况下，也许是一种能够促进"服务对象自决"的机会，也能够让社工通过朋友圈做倡导和教育的工作。

对于第三位社工，我觉得她的想法背后所要引发的讨论其实会非常复杂。试问，如果服务对象在朋友圈里披露的内容属于强制报告的范围，社工是否需要承担强制报告的责任？服务对象在朋友圈里的信息，是否可以成为评估的内容？如果社工告诉服务对象自己在关注她（他）的朋友圈，对方会是什么样的感觉？如果社工点赞或者留言，会不会涉及暴露服务对象在接受社工服务的隐私？这些问题在现今的环境中，我并没有答案，但我觉得值得同行们一起来根据社工的伦理和原则，进行探讨。

社工工作入门——社工的角色

专业界限是社工工作中常常提到的内容，在实际的操作中常常体现为保密条款、避免与服务对象的双重关系等内容。其实，对于新手社工来说，技术并没有那么难；而明白自己的角色、理解自己与服务对象之间的关系、彼此的权利和义务以及明白在不同的场景下自己的角色和应该执行的职能，其实是不容易的。界限是对服务对象和社工的双重保护；而角色则让社工清晰自己在不同的场景中自己的职责。近来，笔者越来越觉得：对于一个新手社工来说，明白了自己的角色，是入门的开始。以下几篇手记，是团队在这当中的一些经历和思考。

什么是社工思维

复和督导　廖陈林

在跟同事复盘她与服务对象的互动时，我发现自己总是在重复一句话：“请不要在这种场景下用自然人的反应去应对服务对象。”“自然人”这个词不是法律意义上与法人相对的概念，而是我自己借用来形容我们不带着专业思维的本能反应，比如，用说教代替引导；用自己的价值观引导服务对象的价值观；当服务对象的情绪激起自己的情绪的时候，自己的防御机制首先起作用，而不是以服务对象的权益为中心，了解其情绪背后的需求和头脑中的认知。换句话说，专业思维就是将自己本能的反应放在旁边，而将专业的伦理、原则置于自己的本能反应之上。

在与新入行的伙伴们一起工作的时候，我发现社工思维的训练非常重要。这需要社工清楚判断所处的环境和自己的角色，用不同的原则来应对不同的处境。这句话听起来不难理解，但应用在实践中却不那么容易。有一次团队讨论是否该举报涉嫌吸毒的服务对象的时候，有人表示自己会举报，原因是自己不能接受吸毒这件事。这样说有没有问题呢？其实，这位社工在这样说的时候，只是出于自己本能的价值观，借助工作中的便利（因社工的角色而了解服务对象的信息）来直接作出反应，却没有从社工的思维来看待这件事。

作为社工，需要首先判断自己的角色和责任，再按照责任中相应的原则来处理服务对象的需求。如果是服务未成年人的社工，而不是由司法局指定的戒毒社工，社工首先要判断的是吸毒人员的行为是否损害了家中未成年人的权益，其吸毒本身对未成年人的影响是否达到了强制报告的责任，之后再讨论这件事对家庭的影响，根据情况看是否有必要报警。即使到了强制报告的程度，也需要尽可能维护吸毒人员的知情权，与对方讨论社工为什么要报警，以及接下来她/他会面临的处境和社工可以协助申请的资源。这样处理的流程思路，才是一个社工该有的思路。

社工小白遇到强势的服务对象怎么办

复和助理社工　濮朵朵

目前社工在工作中遇到的养育人，比较看重眼前能看到的效果，比如作业是否按时完成、考试成绩是否达到理想目标，对孩子的心理行为并不是很在意，甚至几乎对此毫无意识。我在与这类服务对象抚养人或监护人沟通时，会有吃力的感觉，但是不会反感，因为他们大多数是爷爷奶奶，态度、个性都比较柔和，跟他们沟通让我没有什么压力。

在一次家访中，孩子的姑姑 T 姐也参与面谈。T 姐的年纪相对爷爷奶奶们年轻很多，她的职业是教师，在理论上比其他服务对象更懂教育，也懂孩童心理。T 姐和奶奶见到我们时，还未落座，T 姐就直接对社工说："其实我们家的事，任谁来都解决不了，没办法。"当时的气氛瞬间尴尬，社工一时不知如何回应。停顿片刻后，同行社工笑着对姑姑说："这件事是很难，有用没用咱先试试嘛！"此话一出，马上化解了有些僵硬的谈话气氛。接下来的谈话中，刚开始学识较高的 T 姐对社工还是抱着不信任的态度。她背靠着沙发，整个人几乎陷在沙发里面，看向社工的眼神也是斜着的。我一边旁观一边暗暗赞叹同事的专业和坚持，同时想如果是自己，T 姐的每一句话我该怎么接，作为社工如何引导她的思路……T 姐讲到儿童教育和儿童心理这方面的话题时，很是自信。其实即使只是我这样的初级社工，根据目前服务家庭的情况也能基本判断出，如果 T 姐愿意改变她对家人的固有看法，与我们一起商量处理家庭问题的办法，问题的解决还是有很大的转圜余地的。虽然自己能看到结果，可是如何将T姐的思路引导到解决问题的方向，我却不懂具体如何说。看着同事们一步步将问题澄清、聚焦，T姐的心慢慢变得柔软，身体前倾，平视社工，开始专注地倾听社工们讲话。这让我不由得很佩服同事们，又懊恼自己的专业知识储备不够，既不懂教育学，又不会使用个案工作方法，遇到这样的服务对象无法应对。

家访结束后，我很沮丧地回到机构，跟督导说起自己的感受。督导问我："如果服务对象是大学教授，你要怎么办？"对啊，难道我得达到教授的程度才可以面对服务对象吗？督导表示既然是服务对象，就说明对方有需求，不论是高学历还是没上过学的服务对象，他们与我的关系就是服务对象与社工的关系。社工就是发现服务对象的需求，协助服务对象解决问题。这是我们的专长，不需要用对方的专长来衡量社工的工作。同时，同事对我的提点也非常中肯。同事告诉我，其实这样看似强势却能直接表达想法的服务对象，比起那些当面满口答应、实际完全不动的服务对象更好沟通，更容易发掘他们的需求。是啊，我只需要抓住对方的需求，运用社工原理和原则就能做好工作，为什么要跟着对方走，非得成为各行"专家"才行！只需把社工要装备的知识和技能学懂会用，面对再强势的服务对象也不会慌。明确自己的目标，有专业底气，服务对象再张扬，我们之间也不会有阻隔，这个案子就能顺利进行下去。

谁是我的服务对象

复和督导　廖陈林

有一次，我陪同社工一起去家访。在家访的过程中，孩子的姑姑进来了，得知我们是谁后，她忽然问我们："你们能管我们家（指服务对象家）老二上学的问题吗？他现在没办法上家门口的幼儿园，只能去比较远的地方，那里比较贵，而且我妈妈（指孩子的奶奶）年纪大了，没法走那么远。"

在那一瞬间，我感觉到身边的社工陷入焦虑，因为孩子的姑姑提出的并不是一件容易办到的事情。社工开始解释我们权力的范围，建议对方去找合适的部门。在这个过程中，孩子姑姑的态度一直很强势，一一否决社工提出的建议。我感觉她在以此试探我们，看我们到底能做什么。这种想法让我心里开始生气，防御机制开始出现。于是，我也加入社工的团队，开始与孩子的姑姑讨论，语气也逐渐急促起来。

忽然，我发现我们的努力走错了方向。孩子的姑姑是谁呢？她虽然是服务家庭的自然支持系统，但并不是我们的服务对象。她提出的诉求，也许并不是服务家庭所考虑的问题，她也并不是我们的服务对象，我为什么要直接回应她呢？

想清楚了这个以后，我转向孩子的父亲，问他："您怎么看？"对方说："这件事情主要是我妈妈负责，她要是觉得没事就没事。"于是，我又问孩子的奶奶："奶奶，您觉得呢？"奶奶说："没事，我觉得不需要转学，现在接送也习惯了。"于是，我不再说话。孩子的姑姑见状，直接离开了。

一旁的社工将这一切都看在眼里。家访得以继续，在家访的过程中，有人来家里串门，得知我们是谁之后，这个人直接问我们："他们家最缺钱，你们能解决这个问题吗？"这次，我没再开口，旁边的社工也心领神会地没有直接回应对方，而是等待服务家庭的回应。一时无人开口，社工等这个人离开之后，再继续了解服务家庭的需求。

记得刚学习社会工作的时候，同学们经常在课堂上问老师自己的个案该怎么处理，那时，老师们常常问一个问题："谁是你的服务对象？"是啊，这不是很基础的问题嘛！我不是也常常问同事们这个问题嘛！为何在这次的家访中，我会"昏了头"，把自己绕进去呢？当我再去分析自己的状态时，我发现，那时服务对象的姑姑抛给我的问题，激起了我内心的防御机制，让我想要证明自己的专业性，或者让对方满意，这种心态导致我陷入了与对方"角力"的状态，却忽视了那个问题："我的服务对象是谁？"看来，在实践中不仅仅需要有专业的装备，更需要察验自己的内心和动机——在那一刹那，我在为谁说话？是为了我的面子还是为我的服务对象？愿我能时刻警醒，察验自己的心。

我们为什么不能理直气壮地说，“我是一个社工！”

——从社工面对服务对象的质疑来看社工身份的认同

复和督导　廖陈林

有一次，有个服务对象结束强制戒毒回到家中，我陪负责的社工小A去家访。在家访的过程中，服务对象忽然问了小A一句话：“我知道你们对我女儿很好，经常来看她，除此之外，你还能做什么？能帮到我吗？能给我解决工作吗？”在那一刹那，我能感觉到小A愣住了，但我没说话，想看看小A如何回应。小A开始解释机构的服务和使命，但“联络资源”“推动家庭关系修复”这些术语让服务对象开始表现出不耐烦，他说：“我和我家孩子的关系不用修复，我们关系很好。”于是，我说：“这些我们已经看到了。刚才你问我们能为你做什么，其实，我们希望能尽力帮助你，因为只有你好了，你的孩子才会好。刚才你问我们能做什么，我们希望能跟你一起想办法，解决你想要解决的问题，如果有合适的机会，我们看看能不能介绍给你，你觉得怎样？”这些话让服务对象的戒备心放下来，家访得以继续进行。

在家访后，我问小A：“在对方问你是不是能帮他的时候，你为什么说不出话来？”这时，我想起小A曾经说过，自己在服务家庭面前常常觉得很心虚，因为每次去了只是聊聊家常，并不能真正给予对方很多帮助。我也想起，小A对于服务家庭的事务性工作，比如申请福利和补助，总是很有信心，但是在此基础上的，马斯洛底层之上的目标，就常常觉得很心虚。我忽然明白了小A的感受，也许在她看来，探索服务对象除了衣食住行之外的需求，跟他们一起制订计划，这些看起来并不能立刻带来产出的工作，也许并没有很大的价值。在那一刻，我心里忽然有点生气。为什么社工的认同感这么低？为什么我们会觉得我们的工作没有心理咨询师那么有价值，为什么我们的专业被轻看，是不是我们本身就没有看到我们的专业价值呢？

其实，现在我的同事所面临的处境，也是我当初所走过的路。刚做社工的时候，我负责的项目的主要目的是促进服务家庭与其自然支持系统之间的连接；除了为服务家庭链接一些很快就能用上的资源外，更重要的是挖掘他们内心的深层需求，探索他们的优势和长处，并且协助他们制定目标。这个过程其实常常令人很煎熬。有时候服务家庭也很不耐烦，觉得只是谈话看不到效果。我常常很心虚，担心服务对象对我不满意。所幸的是，我从那样的状态里走出来了，看到了专业服务的价值和给人带来的改变。这个过程不是仅仅在认知上纠正自己，而是坚持尝试用社会工作的方式来做事情，看到服务对象的改变后，自己的专业认同感才逐渐建立起来。因为，信念虽然出于内心持守的价值观，但仍然需要被实践印证。

身份转换

——我怎么又变回了“销售人员”

复和助理社工　濮朵朵

有一次我如约去服务对象家家访。快到目的地时，我联系服务对象的奶奶，奶奶抱歉地告诉我，她有事刚出门，忘记给我打电话告知了。末了奶奶说了一句：“你们回回跑，又没啥用，不是白跑嘛！”这句话让我怀疑奶奶是不是故意躲避见面，紧接着追问了好几个印证她是否在家的问题，结果奶奶确实是出门不在家。同事表示可以返回，下次再约。可是我却觉得家访计划已经根据现在的情况做好，家访也要看时机，时机过了，下次再来就抓不到这个点了。基于我自己的目标没有达到，于是再次打电话给奶奶，表明我们会在她家附近等，目的在于把奶奶尽快追回来。后来因为奶奶返回时间太晚，我无奈取消了此次家访。从此次家访经历中，我发现自己为能与服务对象见面，想法和做法表现得都比较执着，比如再三地在电话中追问奶奶的行踪和回家时间，向奶奶表达自己将在原地等待她的意思。

此后的复盘讨论中，发现自己这个“一追到底”的思维主要来自之前的工作经历。不论在哪个行业，虽然工作单位不同，中心思想却高度相似，都是销售思维。只要不犯法，不管你用何种办法，只要将单位或公司有形的产品或无形的知识销售出去，想尽办法达到自己的目的，完成工作任务，就能取得自我满足的成就感。在复盘中我意识到，不能用这种方式来对待服务对象，如果他们抗拒或是不愿意见面，作为社工，首先要尊重服务对象的意愿，不能强行要求见面，这是与销售中约客户完全不同的思维模式。一直以来我以为自己只是做事方式不同，到现在才明白行为背后最终的原因是价值观的不同。作为社会工作者，如果遇到服务对象总是不愿意见面的情况，我们首先需要了解服务对象不愿意的原因和深层的需求，而不是一味追着服务对象要求见面。

原来对待客户的行为方式，其实没有太多尊重在里面，为了达到“销售”的个人目的，并不会太过顾及对方的意愿或感受。对待服务对象，虽然我们与他们之间是工作关系，却也存在着权力不对等，首先社工很了解服务对象家庭的隐私，知道他们的弱点；其次社工掌握着一定的社会资源，并且能为服务对象家庭链接到这些资源。如果社工只是一味地按自己的意愿与服务对象沟通，服务对象会产生被压迫感，引起服务对象的不满，不利于开展工作。往大处看，这么做违背服务对象意愿，违背社工伦理。

此后，我再遇到服务对象抚养人不太愿意见面或参加活动的情况时，不会像以前那样只是着急、埋怨，而是能先去找不想见面的原因，分析阻碍他们的是什么，而我该怎样与服务对象家庭一起想办法解决这个障碍，用正确的方法去处理问题，也更理解和尊重服务对象的意愿。

把自己当作外人

——服务对象家里特别脏乱，我看着心里难受怎么办

复和助理社工　濮朵朵

第一次去一个服务家庭时，我发现服务对象的房间堆满各种家具和杂物，当时服务对象坐在同样堆满杂物又脏又破的小床上，感觉服务对象每天睡觉是从那一堆杂物中刨了个坑躺进去似的。他把买来的饭摆在小床旁边落满灰尘的茶几上吃着……

我想到自己周边其他孩子吃饭餐具和桌面都是干干净净，甚至有的孩子在家吃饭的餐具都是消过毒的，再看服务对象，心中真是五味杂陈。看到茶几上那层肉眼可见的厚厚的灰，当时我就特别想找个抹布“唰唰”给擦干净。只是想到自己是去做什么的，自己的角色是什么，硬摁着自己没行动。

家访快结束时，服务对象给父亲写信，先找了半天纸和笔，没找到纸，

从我的笔记本撕了一页给他；写信时，没有适合写字的地方，服务对象一米七的大个子，最后是斜歪着趴在床上写的。

后来，服务对象父亲在给服务对象回信中说：“儿子长得挺帅，字写得太丑。”我看到后腹诽：“平时家里都没有可写字的地方，他的字能写好吗？”其实，服务对象的爷爷有装修手艺，完全有能力给孩子整理一个亮亮堂堂写作业的地方，爷爷却没有这个意识。

可是每次我特别想帮他们整理的想法出现时，督导总是反对，让我再考虑一下。

后来，在与同事们的讨论中，督导再一次问我们：“根据马斯洛需求，服务对象家里的卫生状况差影响他们的安全和日常生活吗？”

“没有。但是干净整洁的生活环境，对人的精神能起到很大的正向促进作用，为什么不能提醒服务对象家庭改善自己的生活环境呢？”

督导说：“这是他们的生活，他们有没有感到不舒服或不方便呢？”

“没有。社工可以去帮着一起收拾吗？”

督导问：“如果你自己家里来个相对陌生的人帮你收拾屋子，你是什么感受呢？”

“我会感到自己的地盘被侵犯，会很排斥。”

督导又问：“需要写作业的环境是服务对象的需求，还是社工的需求？”

“服务对象表示他在托管班就能把作业完成，回到家偶尔写一篇作文或者背课文，在家写字的机会很少。”

督导反问道：“那就是说服务对象并没有这个需求，对吗？”

“是的。服务对象从身量上来看，基本上已经可以当作大人。我们可不可以引导服务对象自己来改变学习、居住环境呢？”

督导表示如果服务对象自己也表示有这个需求，可以引导他，让他自己来收拾。服务对象是家庭中的一分子，需要了解他的意见，如果他自己愿意来整理自己的家，那是完全合理的。但是，社工不能将自己的意愿强加到服务对象的身上。

经过以上讨论，我发现自己还是没有以社工思维来做事，还在用自然人的价值观“强迫”服务对象按照自己的想法做事。对待个案，首先要评估服务对象家庭的需求，而非社工对这个家庭的需求，即使社工看到有需要改变的问题，也须本着“服务对象自决”的原则解决问题。

在此后的个案家访中，我看到服务对象家中还是一如既往地塞满各种布满灰尘的工具和家具，还是没有一处适合服务对象学习的地方。这次我没有再抓住卫生环境问题不放，对服务对象家庭环境的接纳度提高后，自己也不会过于纠结。更重要的是，从孩子说话时放松的姿势和语气中，我感受到他对我的信任度越来越高。

作为社工的我，要做到不要急于去改变他人，而是要努力提高自己的认知度，更理解服务对象的处境，接纳服务对象的习惯，时刻关注服务对象的真实需求，不将自己的价值观强加给服务家庭，这才是社工的专业态度。至此，对我来说家庭环境卫生这个挑战，才算有了一定的突破。

社工如何避免成为服务对象的保姆

复和助理社工　濮朵朵

服务的个案中，有位服务对象的奶奶特别有意思，与其他服务对象的抚养人不太一样。

2020 年国庆假期时，在家接到服务对象奶奶的电话。电话接通前我心里还挺忐忑，猜测着服务对象或家里会发生什么事。听奶奶讲完，我才知道原来是服务对象的身份证找不到，问我们有没有看见。8 月份机构开办夏令营，奶奶说服务对象来参加夏令营时带了身份证，回家后身份证就找不到了。我开始解释：“如果我们看到服务对象的身份证，早就联系你们给服务对象送过去了，而且夏令营明确说明营员不需要带身份证，你们再在家里好好找找。”如此反复来回解释了几次后，可能奶奶还是认为我们拿了服务对象身份证不愿意给他们，于是说 11 日是探监日，服务对象没身份证就去不成。我一听服务对象要去探监，也有点着急，赶紧又给服务对象奶奶解释，提醒她马上去派出所给服务对象办临时身份证明。奶奶表示时间来不及，服务对象要上学等等，总之去派出所办证明困难重重、时间紧迫，还是要我们给服务对象把身份证送过去。我又反复解释说明证件不在我们这儿，奶奶突然说了一句：

“那我就不带娃去探监了！”当时我一听就愣了，心想：“服务对象跟爸爸见不见面是你们家的事，奶奶对我这么说是什么意思？好像我不把服务对象的身份证送过去的话，无法探监都是我的责任。”直到此时我才反应过来，前面跟服务对象的奶奶解释半天都是白说，奶奶只是因为找不到服务对象的身份证，想看看我们能不能解决这个问题。机构服务这个家庭两年多，社工一直在促进服务对象与父亲建立紧密的关系，服务对象的爷爷奶奶也看出社工重视的是什么，所以在达不到自己的目的时，会对社工说出“不带娃探监”的话来。我没再继续解释，坚持让服务对象的奶奶自己处理问题。奶奶挂了电话，之后也再未提及此事。

还有一次邀请服务对象参加机构活动，我打电话给服务对象的奶奶，征询奶奶的意愿。将参加活动的各项事宜说好后，奶奶问我今年他们能不能探监。能否探监不是社工或者机构可以决定的，最简单直接的是服务对象爸爸来电话时一问不就清楚了吗，再不行打电话问管教既准确又方便，为什么问社工呢？我将询问渠道和方法给服务对象奶奶讲明，服务对象奶奶还是问我“你们知道不知道”，我再次向奶奶说明最准确的信息应该是来自监狱方，奶奶这才悻悻地挂了电话。

从这几次与服务对象奶奶的互动中，我回想起第一次见到服务对象奶奶时，她放心地把服务对象一个人留在家里，并嘱咐我和督导给服务对象辅导功课。我在想是什么原因使服务对象奶奶把社工的角色定位成课外辅导员、信息直播员？是社工的角色表现不清晰？还是社工对服务对象有问必答，有事必做当“保姆”，惯出来的“界限不清”？细想服务个案的整个过程，服务对象参加夏令营时，由社工一路陪伴带着；服务对象奶奶提出想进行亲情会面，社工有这方面的机会后马上将信息告知该家庭，不但陪同家庭前往探监还资助往返的费用；在为服务对象家庭链接资源的过程中，开始也是社工首先去村委会和街道办咨询，帮服务对象家庭申请。这些举动造成服务对象家庭认为社工就是来帮他们做事的，让他们曲解了社工的工作内容和工作职责，也体会不到社工对他们自身能力的推动作用。

社工的主要职责之一是协助当事人锻炼自决，赋能给当事人，促进服务对象有能力成长和改变，并能负责地使用自由权利，而非社工跟着服务对象，出现一个问题马上帮她/他解决一个问题，对她/他的所有要求尽心尽力地去满足。虽然这么做社工费了劲、用了心，服务对象家庭得到了及时的“帮助”，社工心里也得到些许成就感，但是这完全与社工工作要求和伦理背道而驰，做“保姆”式社工的后果，势必发展成像服务对象奶奶这样会以“不带孩子去探监”来要挟社工做事。由此可见，即使服务对象界限不清，社工也必须将自己的角色表达清晰到位，本着坚信当事人有能力解决自己的问题、有能力对自己的生活作出选择的信念。在工作过程中，社工的任务是协助当事人慢慢梳理情绪、拓宽思路，协助当事人看到他看不到的问题，想到他想不到的方法。使服务对象对自己的问题和需要有进一步或者新的认识和了解，增加服务对象自我决定的信心，这才是社会工作的意义和价值。

价值中立和接纳

“价值中立”是社会工作的基本伦理，即社会工作者须尊重服务对象的价值观，不得因服务对象本身的性别、年龄、民族、性取向、宗教信仰、行为方式、习惯等而评判服务对象或因偏见而使服务对象的权益受到损害。另外，价值中立也强调社工不可在服务中用自己的价值观来影响服务对象的价值观。因为社工与服务对象本身存在权力不对等，社工在服务中是有资源的一方，而服务对象在服务中则是弱势的一方，若社工借助这种工作上的资源影响服务对象本身的价值观，则存在剥削和压迫的可能性。

我们的服务对象是服刑人员和强制戒毒人员未成年子女，虽然未成年人是我们服务的核心，但是其在监狱/强制戒毒所的父母，也是我们需要关注的对象，尤其是当他们回到家庭，重新承担家庭的角色的时候。在这个过程中，我们发现，虽然我们常常说价值中立，但面对一个生活背景、价值观与自己完全不同的人的时候，内心没有半点波澜是不太可能的。社工需要做的，是察觉自己内心的感受、想法，想一想自己心中涌起的批判、不舒服甚至厌恶的感觉是从哪里而来，是否与服务对象有关系，而自己的这种感受是否会使服务对象的权益受到损害。更进一步的是，社工需要思考，自己是否根据“人在情境中”的原则，试图理解服务对象的生活处境和他/她作出种种选择的原因。

我居然不肯告诉服务对象我叫什么

复和助理社工　濮朵朵

在培训了一段时间后，督导将一个个案家庭交给我，让我直接负责。这个家庭算起来是我接手的第二个孩子父亲被强制戒毒的家庭，不同的是，这个父亲已经结束强戒回归家庭和社会。从督导对服务家庭背景的介绍，还有这个父亲身上体现的一些特质，让我侧面了解到他是个极其聪明的人，这让我有点担心。担心我问的问题他都会很容易绕过去，不作正面回答，甚至说谎，让我根本得不到想要的信息。还因为他曾是被强制戒毒人员，虽然已经回家，但不能保证是否复吸。如果他复吸缺毒资的话，会不会找我借钱。

在这种担心下，加服务对象父亲的微信号时，我询问督导如何自我介绍，只需要写机构名称加“社工”二字，还是要告知对方自己的真实姓名。督导有点诧异，表示当然要明确告知对方自己的姓名。我犹豫再三难以突破自己的心理障碍，不想如此坦白地介绍自己。因为在我自己的界限中，对于不了解和不熟悉的人，非常不愿意告知对方自己的真实姓名，更重要的原因是对方是吸毒人员——我的认知或生活经验里，哪怕一个人杀人放火，他都有可能认识到自己的错误，可能改变自己；但是对某些东西上瘾的人，比如黄赌毒，尤其是毒品，是很难恢复正常的；他们会被毒品牵制身体和精神意念，极容易做出一些抛弃自尊颜面、让常人无法想象的举动。所以我会担心对方如果缺乏毒资，会不会想尽办法根据我的名字找到我的家庭住址，以各种借口或手段要钱，对我的家人造成恐慌，甚至伤害。

对于这一点，督导问我：“如果他找你借钱，你会借给他吗?”我马上明白，这个问题不用纠结，因为我完全可以拒绝。同时我也明白，自己预设的不安全因素，对方真要实施起来也不是那么容易的。即使预设发生，我也可以马上报警处理，不会因为他是服务对象的监护人就会区别对待。我的种种担心，都是因为自己的假设将对方妖魔化了。

督导再次提醒我，我们面对的不是生活中的陌生人，而是我们在工作中的服务对象。我们对服务家庭很隐秘的信息都很了解，而社工却不告诉对方自己的姓名，这样既不尊重对方，也对服务对象不公平，影响我们对服务对象的服务。听完这些，我能理解这么做是因为信息不对等，所以对服务家庭不公平。可是我还是不能理解这样做为什么会影响服务。督导继续解惑：如果社工对服务对象有偏见或先入为主的评判，连自己的姓名都不肯告知对方，这在服务的过程中会让对方有不被信任的感觉，这种情况下服务关系也无法建立。至此，我终于理解这种彼此信任的关系对服务的重要性了。

后来再与这位父亲联系时，便坦然地将机构名称和自己的姓名写进介绍中，联系后至今他也没有特别的言辞或举动。事实证明我的担心只是自己的想象、预设，凡事都要以事实和理论为根据作出基本的判断和评估，而不是靠自己的想象做事。

其实，这件事情说到底，还是我对个人角色和专业界限的认识问题。遇到与自己价值观不同的服务对象时，社工可以有自己的价值判断；但更重要的是社工遇到这种情况时要明确自己的角色，不能把自己的价值观和评判带到对服务对象的服务中，因为那样对服务对象是不公平的，也会损害服务对象的权益。

遇到价值观完全不同的服务对象，怎么办

复和助理社工　濮朵朵

在开始社会工作的第三个月，遇到一个对我的价值观挑战很大的服务对象。那是在第三次与服务家庭见面时（前两次见面的只有家中的老人和幼儿），我们第一次见到青春期的服务对象小 A。

小 A 完全是男性化的打扮和言行举止，在日常生活中其实我也接触过这个年龄段的女孩，她们处在不够成熟又想独立的青春期，可能为彰显自己的个性，也可能对自己的性别不完全认同，和伙伴们在一起时有的女孩会自称“爸爸”，可是像小 A 这么“彻底”的男生做派却很少见。我也了解过一点同性恋或变性人群体，他们有一部分并不是与生俱来的，而是被后天环境影响所致，所以在看到小 A 的样子时，心里对她的自我性别认知感到深深的担忧。

再一个是小 A 平时用手机看到的网络内容，她眉飞色舞地讲述着网络上

的“同人文”，这是我第一次听到这个词，不懂是什么意思，她解释后才明白，而且她讲自己看的内容还有比“同人文”更不适合未成年人的。通常异性或同性的恋爱文章为了吸引人，都会有描写性的内容，这对进入青春期的孩子会产生不可预知的影响，所以我的第一念头是阻止她再看这些。看着她穿着男款的短裤和凉鞋，我想给她换成女款的；看着她斜躺在床上，跷着二郎腿，我想把她拉起坐直，腿放下去，摆端正她的坐姿……可是理智让我明白在当下的情境中不能这么说，更不能这么做。因为我们是第一次见面，还没有与小A建立信任关系，而且我并不了解在她身上发生了什么，以至于她会喜欢现在的样子。对于已经步入青春期的孩子来说，说教是最无用的最容易令他们反感的，她现在能这么敞开自己的心扉，能让我更多地了解她的想法和内心是很难得的，不能让她把我关到门外。于是我满脑子都在想我要怎么做，才能不让孩子觉得我不认同她的做派，不会让她对我有抵触心，又不会让孩子认为我对她的做法是接受的。所以，我当时表现出来的状态是问了预备好的问题后，一直呆坐在小A身边，脸上微笑，脑子里在“打架”。

还好当时有团队同事在场，同事的问题既能让孩子无所顾虑地讲出自己的事和想法，也不会让孩子认为大家是支持她的做法和想法的，并且我们还能从孩子的回复中收集到她的个人信息，为下一步工作找到依据。

家访结束后复盘，从表面看，我在这次的家访中没有表现出不合适的举动，但是我清楚地知道自己内心带入了价值评判。小A这个年龄的孩子看“同人文”和穿着行为是我自己完全不能认同的，有强烈的想改变她的想法，这种想法就像是看到一棵长歪的小树，只怕它长到阴暗处，就想一下子把它掰直。其实，青少年时期在人的生命周期中是一个比较特殊的阶段，一方面，源自身体发育上的剧变；另一方面，身体剧变等因素波及青少年心理，因心理成长的速度远远跟不上身体发育的速度，从而使部分青少年在应对变化的过程中容易产生心理问题。小A在这个相对艰难的成长阶段，没有适合的成年人在她的身边予以恰当的帮助，就像小树得不到园丁及时的修剪。但是，因为我心里思考的一直是自己的价值判断，而不是从小A的处境和成长阶段来理解她，所以我才会卡在家访的过程中。

在这次家访中我学习到，一是在家访中始终要保持中立的态度，不能以自己的价值观去评判对方，这对服务对象不公平；二是要有探究的心，服务对象为什么喜欢把自己打扮得完全像男生，她为什么喜欢看不适合青少年阅读的文章，这些都要从表象找背后的原因。只有保持价值中立、对服务对象完全地接纳，才能更好地服务他们，促进他们的健康成长。

问自己："他发生了什么事情?"而不是"他怎么这样!"

复和社工　石冲

在一次家访中，和一个服务对象交谈时，他一直答非所问，一些问题的回答明显不符合事实情况。一段时间后，我开始有了情绪，用了面质的方法指出他说话前后逻辑不符的地方。我心里想如果对方一直这样，就没有继续交流的必要了。

同行的督导看到我情绪的变化，就接过我的话头和对方用柔和的方式继续聊，然后等我情绪平复后再重新加入。

事后的复盘中，督导指出了我说话语气的问题，也让我思考这样问服务对象问题可能引起的后果是什么。经过几天思考，我首先十分感恩督导的及时介入——如果督导在关键时刻没有从旁协助，服务对象很有可能把好不容易向我敞开的心门重新关上了。在反思中我慢慢体会服务对象的感受：他经历了突如其来的家庭变故，失去了事业和亲人，这么多年一直带着仇恨和绝望生活，这些痛苦的情绪也一直未得到宣泄。我开始设身处地站在他的角度思考：每个人成为今天这个样子一定是和以前的经历有关的。因为经历过严重创伤的人很有可能在面对潜在的危险时选择逃避，不希望生活破碎后，好不容易重新建立的平衡被再次打破，所以他即使看到潜在的问题，也会视而不见，存在侥幸心理。

这件事让我对个案工作基本原则中的"接纳与非批判"有了更深刻的理解。接纳是用非批判的态度进行沟通，坦然面对人与人之间行为、观念的不同。接纳他人的优点、缺点和与自己不相投的一些特质，是对人本身的尊重，是社会工作的基本伦理，而不是一种方法。我们常说"接纳他人"，与当事人建立良好的关系，进行感情上的交流以及走入当事人的内心世界等方法，但常常会发现这不是自己的本心所为，而很有可能是为了让当事人对自己产生信任，主动说出他自己的一切，好解决问题。但这只是技术的应用，用技巧解决问题甚至使当事人的行为符合社工的意志，这只是字面和知识层面上理解的“接纳”，真正的接纳不是出于技术的应用，而是工作员本身就要从心态和行为上改变。只有真正体会服务对象的处境，才能做到真正的接纳。

“每个人都有选择自己生活方式的权利，你选择这样的生活方式一定有你自己的理由，关键是我们要减少你的痛苦，找到解决你问题的方法。”此后，我更愿意把这样的话说给服务对象听，因为它体现了社工对当事人的尊重、理解和接纳。

如果下次再遇到类似情况，我首先会问自己，“他发生了什么事情?”而不是“他怎么这样!”因为，爱与接纳就包含在这句话里了。

第八章　社工手记之技术篇

基本原则应用：优势视角与助人自助

“优势视角”是社会工作者常常提醒自己需要有的视角，即在对服务对象作出评估的时候，不能只盯着对方出现的问题，更应该看到服务对象本身的优势，已经作出的努力和尝试及其他的成功经历等。这样做并不是简单地让对方高兴，而是用全面的角度看对方。服务对象往往都是因为生活中的一些境遇而导致其需求无法在现有的生态系统中得到满足，需要在社工的协助下恢复其本来的能力、价值和尊严感。社工经常要链接一些资源来帮助服务对象，使其基本的需求得到满足。其实，相对于中观系统的外在资源，社工更应该开发服务对象本身的资源，协助他/她发掘并重新利用过去的成功经验，形成能力，重建尊严，这就是助人自助的过程。这个原则说起来很简单，实践起来并不容易，因为我们都倾向于看到问题，想要给别人提建议。以下，我们想要分享我们走过的路，供大家借鉴、参考。

我居然在努力地给服务对象挑毛病

复和社工　徐浩硕

当社工与服务家庭建立稳定且相互信任的关系之后，社工便会面临一个重要的问题：自己要做些什么？因为我们并不是为了要与服务对象成为朋友，而是为了要达成诸如协助他们走出困境、解决眼前的难题、学习到新的技能等各种各样的目的。所以作为新手社工的我在这个时候就很容易陷入一种狭窄的视角中——为服务对象找毛病。

开始做社工的时候，虽然督导和以往上过的课程都教我要用优势视角去看服务对象，但是由于我总想找到自己的价值，所以常常会陷入劣势视角中去。这种价值感在于，我希望当我作为社工而认识、介入服务家庭的生活中时，是真真切切能带给他们“好处”的，这种好处一定会使他们的情况更好。但是，如此一来，我会更加放大所见到的问题，最后反而造成工作往错误的方向上推进。

有一次，我们带一个 9 岁的孩子去探视他的父亲，在去的路上孩子的爷爷一直在训斥他，因为有时候孩子爱乱跑。我仔细观察了一下，发现孩子说话的时候表现得还算正常；但是后来在回程的高速公路上，当我从后视镜里看他的时候，发现他一直在憋着眼泪。我以为这是因为孩子的爷爷对他管教太严厉了，所以他不敢在人面前表达出自己的情感。于是我猜测这个孩子经常遭受长辈的打骂。于是，我就与他的爷爷旁敲侧击地讲了很多关于管教孩子的话题。后来，经过更深入、次数更多的家访我才得知孩子的爷爷奶奶平时很溺爱他，只是探监那天爷爷觉得让我们带着去探监已经很麻烦机构了，因此才会对孩子严厉一些，以减少路上的麻烦，当时孩子看起来要哭的原因，其实是因为想上厕所难受而已。

所以，社工其实并不需要“努力”去为服务对象“找毛病”。通过与服务对象的互动，让他们自己说出来认为是“问题”的“问题”，再从这些问题中挖掘出对方真正的需求，才是正确的方向。

仅仅传递理念，够吗

复和社工　徐浩硕

在服务中，有一个问题经常让我觉得很困惑：那就是我们所传达的内容服务对象表示听懂了，但是在之后的过程中，我们发现他们并没有做出相应的行动。我想要说明的是：这些并不是社工强加给服务对象的建议，而是一些已经被他们认可的目标。比如，在我们服务的家庭中，有一个孩子是由大伯照顾的，因为孩子本身的一些行为问题，所以他大伯经常用打骂的方式来管教，对此我们觉得需要将“非打骂”的教育理念介绍给这个家庭。在听完我们的介绍后，孩子的大伯很认同，也表示今后尽量不用打骂的方式来管教孩子。但是，在后来的家访中，我们发现打骂孩子仍然是常态。

这件事让我觉得很沮丧，后来，经过督导提醒我才明白问题出在哪里。当我们介绍“非打骂”的理念给孩子的大伯时，我并没有设身处地地站在对方的认知、处境中去思考这个问题，而是惯用我自身的思维习惯。对我来说，“非打骂”的教育方式包含了许多诸如引导、疏导等教育技巧，但是对于孩子的大伯来说，他并不会这些方法。后来，我便不再讲这些“大道理”，而是直接教一些“技巧”。

比如，我们服务的一个孩子习惯撒谎。原因是他母亲十分溺爱他，对于孩子爱撒谎的行为，他母亲的方法就是一忍再忍，实在忍不下去的时候再将孩子打一顿。这个时候孩子一般会开始撒娇，作出各种保证，但因为开的都是空头支票，所以行为上很少改变。在这种情况下，我们先与孩子的母亲沟通，使她了解到这个阶段儿童需要学习规则并为自己违反规则的行为付出代价，对此孩子的母亲表示认同。之后，我们与她一起制定了针对孩子撒谎的惩罚制度，包括限制玩乐、吃零食、零花钱等措施，而不是任由孩子开空头支票。在那之后，我们也定期针对这个计划进行跟进。令我们感到惊喜的是：孩子的行为在其母亲的教育下，一步步好转，撒谎的行为也逐渐减少。这个案例对我的激励很大，我发现在工作中，社工对服务对象的“服务”和“支持”，不能仅仅停留在传递理念或者信息，更要给予他们能直接操作层面的支持，比如具体的工具和行动计划，让服务对象在实践中体会改变。

☑ 个案工作中的评估

如果有人问我个案工作中哪一个环节最复杂，我会告诉他：是需求评估！社工与服务对象之间建立彼此信任的关系固然是关键，但评估服务对象的真实需求更不容易。在过去的服务中，我们常常看到社工在评估的过程中急于求成，将服务对象的诉求当成需求，导致社工成为服务对象的保姆，或者因无法提供足够的协助和资源而产生无力感。

社工容易犯的另一个错误是用自己的判断来臆断服务对象的需求，急于制订服务计划并推进。这样不但违反了“服务对象自决”的基本原则，也会导致他们本身的尊严受到损害。比如，在一次家访中，虽然养育人反复强调创伤事件后“孩子一切正常”，但因为社工不相信并反复跟养育人确认，对方开始表现出不耐烦的情绪。笔者在这里举这个例子，并不是要我们忽视创伤对人的影响，而是希望社工在评估的时候，能够暂时先放下自己先入为主的观念甚至是专业判断，问问自己：“我所看到的，一定是服务对象的需求吗？”

那么，如何对服务对象的需求作出真实、准确的评估呢？除了社工与服务对象之间彼此信任的关系，更需要社工通过专业的技巧和专业判断，引导服务对象与自己的内心对话，协助他们发现自己内心的需求，并通过沟通与服务对象确认。

总之，好的评估才有好的服务计划，当自己的服务计划很难推进的时候，不妨问问自己：“这是服务对象真实的需求吗？”

服务对象的诉求就是他们的真实需求吗

复和社工　李佳俪

2020年我接触到两个比较特别的个案，其中一个个案的服务对象是个男性社区矫正人员，这也是我第一次为社区矫正人员提供个案管理服务。首次与服务对象的面谈是我和督导一起进行的，主要目的是了解服务对象当前个人及家庭的情况，预估服务对象主要的困难和需求。那次面谈，我们与服务对象沟通的整个过程都比较顺畅，服务对象也很愿意跟我们分享自己的状况，包括自己判刑及服刑的情况，目前假释期间的状态和感受等。面谈的大部分时间都是服务对象在分享，他向我和督导表达了自己目前的主要诉求就是希望能“有人管”，意思就是希望相关的司法或政府部门能够帮助自己解决困难。我对于服务对象提供的相关信息作了总结：首先服务对象希望能有相关部门解决自己当下面临的无法享受本地福利政策和医疗救助政策的问题；其次是帮助服务对象解决身份证明的问题（服务对象丢失了身份证明文件）。这些是在初次面谈中服务对象向社工表达出来的自身诉求。我们还了解到，服务对象之前已经尝试过跟政府相关部门沟通，但由于各部门互相推诿责任，办事屡次碰壁，问题迟迟得不到解决。面临这种处境，服务对象表示自己心理压力很大而且积累了很多怨气。

面谈结束后，我在整理面谈记录的过程中，发现从服务对象的描述中可以感觉到他的怨气其实是来自对自己当初的判决感到不公，还有对无法享受到本地及户籍地的福利政策而感到不满。通过进一步的分析和评估，我发现服务对象深层的不满情绪还是来源于对自己当年的判决及服刑的遭遇感到冤屈和不平，因此我认为服务对象当下真实的需求是进行合理的情绪宣泄。这也印证了为何司法局等政府相关部门的工作人员均反映过服务对象爱发牢骚、爱找麻烦。因此，首先我认为当前需要解决的是服务对象内在的真实需求，即进行心理和情绪疏导，帮助服务对象用正面积极的方式来宣泄情绪，并为服务对象提供相应的心理支持，让服务对象感受到自己是被理解和被支持的；同时还要帮助服务对象恢复或重建自然支持系统，让服务对象能够从身边的亲人或者朋友那里得到足够的支持和帮助。其次，才是协助服务对象解决医疗和身份证明等外在具体的需求。

了解到服务对象内心的真实需求之后，我们就将个案服务的重点放在了为服务对象提供心理支持和情绪疏导上，同时积极地与服务对象共同探索解决实际物质需求的方法，让服务对象感受到自己的难处是有人关心和理解的，并且有人愿意与自己一起来面对和解决。在我们的鼓励和引导下，服务对象也愿意尝试继续与司法部门的工作人员沟通，主动去了解情况，等事情有了进展后还会主动跟社工分享。我和督导也从服务对象所属的司法所等相关部门了解到，在社工介入之后服务对象的情绪比之前稳定了不少，基本没有再出现与工作人员发生争执或找麻烦的情况。对于服务对象的改变，我作为负责该个案的社工还是感到很欣慰的。其实该服务对象的这种情况在我们的个案服务中是比较常见的，那就是服务对象表达的诉求和其真实需求不相符的情况。这时就需要社工在需求评估阶段，通过服务对象表面的诉求去挖掘和分析隐藏在表达诉求背后的真实需求。社工只有准确把握服务对象真正的需求，才能找到适合并且有效的介入方式和干预策略，从根源上帮助服务对象解决问题。

我们能给服务对象钱吗？该怎么给

复和社工　李佳俪

在我服务的个案当中有一个服务对象是位70岁的老阿姨，也是一名近期刑满释放的服刑人员。由于老阿姨刚出狱回到本地，没有自己的住房，没有任何经济来源，也没有申请政策福利等，所以只能暂时借住在亲戚家，接受亲戚的帮助来维持基本生活。因此，在刚接案的阶段，我了解到老阿姨的生活境况确实很困难。

在后续服务过程中，我首先是协助老阿姨申请符合条件的政府救助政策，包括低保、临时救助、高龄老年人生活补贴等。作为社工，从增能的视角，我不断地鼓励服务对象自己去社区咨询和办理相关的补助。老阿姨通过自己跑社区咨询，然后在家人的帮助下顺利申请到了一笔临时救助金，但是临时救助金是一次性的救助，只能在短期内缓解老阿姨经济上的困难。关于申请低保，由于老阿姨户籍迁入本地的时间不足6个月所以不满足申请低保的条件，所以暂时无法申请低保。鉴于老阿姨目前没有稳定的经济来源，很难保证基本的生活需求，因此我又通过资源链接的方式帮助老阿姨联系到一位愿意为她提供资助的爱心人士，这样一来就能解决老阿姨当前的生活困难了。虽然这项资助对服务对象来说是个好消息，但是我作为社工却为该如何使用爱心人士的捐助款，还有以什么形式来资助服务对象不会让其产生依赖性或是削弱其自身的能力等问题犯了愁。

于是，我就以上的这些问题和担心与督导及团队进行深入的探讨。首先，对于如何使用爱心人士的资助款这个问题，督导指出我们作为社工，要做的第一件事是评估。社工需要评估这笔资助款对服务对象而言是否是必需的，并且是无法替代的。换个角度，从机构的工作原则来看，不管是由机构还是爱心人士来提供资助，必须是在紧急情况下，且服务对象无法通过自身的自然支持系统来获得所需的资源和支持时，才可以由机构或外部资源提供支持。所以在作评估时，社工首先需要考虑服务对象是否已经用尽其自然支持系统中的资源。这样做也是遵循为服务对象赋能的原则，因为社工的角色是辅助者和协调者，是服务对象生活中的“过客”，而能够为服务对象提供持续性和长期性支持的则是服务对象自然支持系统中的人和资源。所以我们在协助服务对象链接资源时，应当优先考虑其自然支持系统中的资源，并引导服务对象主动发掘和使用其中的资源。若服务对象的自然支持系统较弱或失去联结，社工则需要帮助其恢复与自然支持系统的联结，促进其自然支持系统的运作，从而帮助服务对象获得持续稳定的支持。

因此，我在进一步评估老阿姨的需求时，了解到老阿姨还是能够从其自然支持系统中获得较为充足的资源的，即老阿姨的亲戚能够为她提供住所以及维持日常基本生活的物资等。除了基本的生活物资，老阿姨只有每月购买治疗慢性病必需药品的费用较难从亲戚那里得到支持。除了亲戚的支持外，我又询问了老阿姨是否有能够承担赡养义务的成年子女。老阿姨表示自己虽然有子女，但是自从自己服刑以后就与他们没有了联系，所以现在也不愿再跟子女联系了。出于服务对象自决的原则，我尊重老阿姨的决定，将成年子女这一选项从其自然支持系统中排除。所以最后评估下来，老阿姨当下最紧急的需求是每月购买药品的费用。通过评估及与老阿姨沟通，我们商定将爱心人士的资助款使用在为其购买每月所需药品上，以满足老阿姨的治疗需求，维持其健康状况。

对于以何种形式来资助服务对象购买药品既不会让服务对象产生依赖性又不会削弱其自身能力的问题，我也与团队和督导就资助的形式和流程进行了商议。我们商定后得出的结论是，首先与服务对象明确约定了资助的期限，即在服务对象申请到低保获得稳定的经济来源之后便会停止资助。其次是资助形式，服务对象需要提供医院的药品处方及购买药品开具的正规发票，然后凭处方和发票由机构进行报销。通过这样的方式，既可以解决老阿姨每月购买药品的需求，又促使老阿姨自己去医院开具处方，去药店购买药品并准确开具发票等，以此能够学习相应的技能并锻炼自身的能力。于是，我与老阿姨详细沟通了资助的方式和流程，老阿姨也表示同意。在之后的执行过程中，我也发现老阿姨有足够的能力去完成以上各项任务，每次来报销的时候都能够提供准确的票据和处方信息。老阿姨也因为自己能够独立完成这些事情，并且能够获得机构每月的资助而感到高兴，精神状态也越来越好了。

服务对象的目标是什么

复和社工　石冲

在对一个个案家访时，11 岁的服务对象说奶奶经常骂她，她说这件事的时候眼神里带着怨恨。这对服务未成年人的社工来说是一个需要注意的信息，我就把这个问题的解决设定为我们服务的一个目标：奶奶用正确的方式对待服务对象。因为在之前的家访中，我了解到服务对象的爷爷奶奶对服务对象很重视，所以就认定如果提到这个问题，奶奶一定会有改变的意愿，但是结果却和社工预想的完全不同。在之后和奶奶的多次交流中我发现她态度敷衍，并认为服务对象心里不藏事，骂了也很快就忘了，不会计较的，也不认为这是个问题。后来，虽然我们制订了计划，却很难执行，这个过程令我非常有挫败感。

在后来的反思中，我意识到可能是出现了以下问题：

首先，是技术层面的问题：评估不够。服务对象的感受影响了我的专业判断，我只单方面考虑了服务对象的意见，她期待的改变和社工的服务理念一致，就因此制定了目标，但我疏忽了对监护人的评估。因为我们的服务对象是未成年人，所以我们服务的不仅仅包含服务对象本人，还有他/她的监护人，当孩子的需求和监护人的需求不一致时，社工不能简单地只考虑一方的需求；其次，我在个案服务中掺杂了自己的价值观。服务对象的监护人认为学习和安全是重要的，不认为孩子的心理感受重要，这和我的价值观有很大的不同。但是，当我看到监护人对孩子生活上照顾得很周到，就以为他们跟我一样，很看重孩子的心理感受。

我们常常怀着迫切的心想帮助服务家庭，但当目标设定错误，所有的努力都是徒劳。那怎样才是好的目标呢?

一个好的目标有很多条可以量化的标准，其中一条就是制定的目标应当是服务对象和社工协商后一致同意的结果。在服务家庭时，社工所设定的目标必须是在服务对象的家庭成员和社工双方在充分讨论的基础上达成的共识，这样才能提高服务对象解决问题的意愿，有效解决服务对象的问题。当发生矛盾时，社工只能根据家庭确定的共同目标去完成，不能武断地自己决定工作的目标。针对这个个案，只能等监护人意识到对孩子不正确的对待是个亟须解决的问题后，改变监护人对待孩子的态度才可以成为社工的工作目标。

在最近一次的个案家访中，当我询问服务对象爷爷是否希望促进服务对象和他爸爸的关系改变时，爷爷说他当然希望，但是说到具体的实施步骤时，他表示孩子大了以后家人不愿意带其去探监。我提议写信时，服务对象爷爷却强调监狱里无法收到信件，挂号信也收不到。我发现爷爷看起来嘴里愿意，但是行为很诚实，让服务对象和爸爸恢复关系目前还不是他的需求，所以就没有再坚持让爷爷付诸行动。这种改变，不是简单地放弃行动，而是在评估动力和需求之后得出的结论。

从“桨”到“针”的改变

复和社工　徐浩硕

在服务个案一段时间后，与服务家庭已经建立了比较信任的关系，这时我开始陷入了对家访的焦虑中，因为感觉建立了关系后不知道如何再往下深入了。按照个案工作的流程，这时候应该评估家庭的问题，但是我感觉自己不敢也不知道该如何深入。于是，每次去家访，我都感觉自己像一支桨，只能问些不痛不痒的问题，一直在浅层划水。这个过程让我很痛苦，因为感觉自己去家访是没有意义的，也觉得自己的工作效率很低。

对此，督导教会我的第一件事就是，社工在与服务对象工作的时候，不能只停留在表面划水的阶段，一定要突破。但是我感觉讨论、分析服务家庭中较为深入的问题，有时确实很难。在我国的文化中，原本就有“家丑不可外扬”的传统，并且“打探”他人家庭里的私事或者对他人私事指手画脚，原本也是不礼貌的。这种种顾虑让我一直被困在浅层，不断“划水”。

后来，有件事使我的观念发生了改变。

当时，我们所服务的一个服务对象由患病的爷爷奶奶抚养，爷爷已经丧失劳动能力，而奶奶身患脑梗和高血压，虽然医生不建议工作，但为了一家生计，她依旧在劳作，时不时地不舒服，每年会去医院两次。督导在看完这个家庭的情况后，认为我应该和服务家庭探讨并作出计划，如果爷爷奶奶双方都失去劳动力，孩子由谁来抚养？

这是个很难说出口的问题。我担心自己的话语会刺痛服务对象家庭，也怕冒犯他们；但是问题已经很明显，不能回避。我必须将大家可能都有的困惑提出来，并与家庭一起讨论解决的方案。这时，我感觉自己必须从之前圆润的、只停留在浅层的“桨”，变成刺透表象、缝补问题的“针”。锋利的“针”比圆润的“桨”有效率得多，但是谁愿意被刺痛呢？

后来，我在家访中先解释了我们机构是以服务儿童、保护儿童权利为主的机构，又申明自己只是预设了最坏情况，为的是孩子的权利能够得到保障。然后，我硬着头皮问爷爷奶奶如果他们双方都失去了劳动力，孩子将何去何从？两位老人听后表示理解，我们一起作了一些计划。

这件事对我的震动还是挺大的，以往我习惯于用优势视角，总是在服务家庭面前赞扬他们的优点，但是当真正的漏洞暴露出来，真正的问题浮出水面的时候，我是不能睁一只眼闭一只眼地划水的。我们必须要做“针”，去解决那些棘手的问题，保障服务对象的最大权益。

☑ 个案工作中的沟通技巧

对于社工来说，谈话是我们主要的工作内容之一。有效果的谈话需要技巧，更需要对服务对象的接纳和真诚的关怀。接纳并不是一件仅仅依靠信念就能真正做到的事情，在实践中，往往需要社工对服务对象的处境有了了解后，来接纳对方的行为和价值观。这种了解的过程，就是评估的一部分。

沟通技巧包括很多类，除了带有同理心的倾听、澄清、聚焦、反映感受、概括、适度的自我袒露等这类比较“柔”的技巧，也包括“面质（confrontation）”这种比较“刚”的方式。使用柔和的技巧能帮助社工用带有同理心的方式与服务对象沟通，与对方建立良好的关系；而比较“刚”的技巧则能够在彼此信任的关系基础上，通过指出对方前后矛盾之处，协助对方厘清自己的想法，直面自己的需求。

除了被听到和被说出的话，我们的身体语言也传递了很多的信息。专注的眼神、前倾的上半身代表了对方在专心听你说话；而紧绷的身体和皱起的眉头则在表达自己内心的不同意见。其实，相比于口中的言语，身体语言更能够传递我们内心真实的想法。因此，读懂身体语言，并通过身体语言传递信号，也是社工需要练习的技巧。

但是，所有这些，都建立在对服务对象的接纳和关怀上。因为技巧终究是技巧，人心里充满的情绪总会通过一种方式表达出来。接下来，我们希望借由分享我们走过的路、踩过的“坑”，与大家一起体会沟通技巧的重要性。

家访时，我该严肃还是随意

复和社工　石冲

接受培训半年以后，我开始独立接触个案，发现自己的状态和之前发生了很大变化。独立家访时，我开始变得严肃，和服务对象谈话时也是正襟危坐，非常正式。有一次，我和督导一起去家访，跟服务对象的奶奶Z阿姨见面。结束后，督导问我对自己家访时的态度是怎么看的，希望能引发我的思考。我明白她是对我和Z阿姨交流时的态度有不同意见。当时，我坚持自己是对的，给督导的解释是：我希望Z阿姨能感受到我是专业的，是以非常认真的态度来对待这件事的，所以我觉得严肃一点没有什么不妥。看到我这么坚持，督导也就没有再说什么。

但在后来的家访中，我发现当我很正式地和Z阿姨说话时，她表现得很局促，眼神闪烁，手紧紧地握在一起。发现这个问题后，我意识到这样的交流方式可能给她带来了压迫感，就调整了自己说话的状态。本来我坐得很端正、表情较为严肃，后调整为面带微笑、身体前倾，并减慢了语速，声音也变得柔和。我发现当我放松时，Z阿姨也很放松，说话的内容也比之前多了起来。

这一次，我主动在家访后和督导聊起了自己的观察所得，因为我发现自己之前用的不是最恰当的方式。督导看到我的转变，在肯定我进步的同时，又帮助我分析了Z阿姨的心理：Z阿姨的儿子进监狱后，她觉得抬不起头来，周围人对待她的态度和眼光也会不同，因此，她的心理会比较敏感。如果我们态度严肃，她就会很紧张。尤其是当时我们进行的是评估工作，谈到Z阿姨平常对孙女的抚养情况，社工严肃的询问会让她感觉社工在代表政府审查自己作为养育人是否合格，而不是从优势视角来肯定她的能力，所以她自然就会感到紧张。让服务对象在家访中放松是很重要的事，只有放松她才能敞开心扉，我们才能了解到更多的想法和信息，才能和她一起找到真正的需求，才能真正地帮助她的家庭。

有了这番谈话，我才明白态度有多重要！同时我也在思考为什么自己的状态和之前有这么大的不同。在之前的个案中，虽然具体工作也没有什么不同，和其他社工一起接案，在家访中也会担任和服务对象谈话的角色，当时是很放松的状态。但是现在开始独立负责个案，情况发生了变化，不自觉就有了压力，心态就跟着发生了变化。

从放松到紧张，再从紧张到放松，这是很重要的成长过程，也是把书本知识内化的过程。非常感恩工作中有督导及时的提醒，也很感恩她用正确的方式引导了我，让我首先有自主思考和试错的空间。她看到了我的问题，也同时看到我当时没有改变的意愿，于是她给我时间等我自己发现问题，当我愿意改变、愿意寻求帮助时，她适时地帮助我，这比直接告诉我效果更好。

社工如何应对服务对象过多的负面情绪

复和社工　李佳俪

在我目前接到的个案服务中，年龄最大的服务对象是一位已经70岁的老阿姨。还记得我与她第一次面谈的时候，感觉到老阿姨还是比较健谈和外向的。我们整个面谈过程都比较顺利，老阿姨分享了自己服刑期间经历的诸多不易，还有自己出狱之后，因年迈多病和多年脱离社会而感受到的自卑和无助。老阿姨在说话间一直不住地流泪，我便不断地给她递上纸巾。在之后的面谈中老阿姨也多次陷入悲伤和负面的情绪中无法平复，我看到老阿姨不停地流泪便没有刻意打断她，因此造成当天的面谈时间过长的情况。

在与督导一起复盘当天面谈过程时，督导提醒我：当服务对象在谈话中多次或长时间陷入悲伤和负面情绪中时，社工应当适时地将服务对象从悲伤的情景中拉回现实，将话题聚焦到当前的问题和需求上，将其从悲伤的情绪中拉回来。经过和督导探讨，我也更清晰地认识到社工需要这么处理的原因：一是因为服务对象如果长时间陷入过往痛苦的回忆和悲伤的情绪中会给社工带来负面的影响，引起社工的不适感或者产生反移情的状况；二是服务对象若长时间陷入悲伤情绪也不利于聚焦当下的现实和解决服务对象面临的问题。因此，在这种情况下，作为社工我需要及时将老阿姨拉回现实中，帮助她聚焦在当前的需求和问题，使我们的沟通变得更高效，同时也有助于评估过程的顺利进行。在之后几次与老阿姨的面谈过程中，她在谈到当下的困境时偶尔还会流泪，陷入负面情绪中或者谈话过于分散偏离主题，这时我已经能够通过运用共情和聚焦的技巧及时帮助老阿姨调整情绪，回到谈话的主题上来。

另外，我还发现当服务对象表露出无助和自卑时，社工通过优势视角发掘并肯定服务对象的优势和能力，对于增强服务对象的信心和自尊感是很重要且有效的方式。就以与老阿姨的首次面谈来说，我对老阿姨的遭遇和经历表示理解和共情，同时也通过她的经历发现了她身上的优势和能力，比如老阿姨在服刑期间对待工作的认真负责；面对监狱艰苦的生活环境表现出的乐观和积极的心态；为了早日出狱与家人团聚而努力工作；还有十几年来坚持收看《新闻联播》了解社会时事的学习态度等，这些都令我十分敬佩和感动。我和督导也鼓励老阿姨看到自身的能力，包括良好的学习能力、适应能力以及人际沟通能力等，并强调这些能力都是她的优势。我们鼓励老阿姨要对未来的生活保持信心，并让她相信可以凭借自己的能力和优势逐渐适应和重新融入社会。在之后的服务过程中，我通过为老阿姨赋能的方式，不断鼓励和引导她自己去找社区咨询和办理临时救助，自己去尝试寻找工作机会，自己想办法解决问题等。最后老阿姨通过自己的努力找到了适合的工作（临时性的)，成功申请到了临时救助和低保。老阿姨在努力尝试解决问题的过程中运用和锻炼了自身能力，同时也获得了价值感，提升了自尊心，从而达到了赋能的目的。

交谈中的表情动作观察

复和社工　石冲

社工探访工作的主要方式就是与人交谈，交谈要有效果，就需要在谈话的同时，密切关注服务对象的眼神、表情和动作，抓住稍纵即逝的微表情和反应，即时判断表情、行为、语言是否统一，判断正确后，才能有后续正确的应对措施。

做社工的初期，我自认为我们是来帮助服务对象的，服务对象基于对我们的信任是不会撒谎的，所以将更多的注意力放在提问内容的设计和服务对象的回答上，但在后来多次接触服务对象以后，发现事实并非如此。我们的服务对象因为家人入狱原因不同，或者基于特殊环境下自我保护的需要，交流中经常在不同的问题或不同的时间里，表现出自我矛盾的倾向。比如有一个服务对象，在和他的多次聊天中，他都表现得很平和、很开心，觉得自己的家庭很正常、家人也很好。我一直很庆幸这个服务对象成长得很好，后来有一次我邀请他一起画画，他画中的房子和周围的风景都很随意，但非常详细地画了一个小人拿着一把枪对准房子，画那把枪和警察的帽子用了一半时间，每一个细节都很用力。看到他画画的全过程，我开始想：服务对象心里可能有未被处理的问题，之前的交流中，他出于自我保护在掩盖自己的目的隐瞒了真相。之前因为他是个孩子，我认为他不会撒谎，会很希望有人可以帮助他。因为这样的心态，我之前也许错过了一些在聊天中很重要的细节。这件事后，我提醒自己在家访中要更加专注，不但要倾听他讲的内容，还要更细微地观察他的肢体、眼神。

有一次接触一个服务对象，刚见面时他双手交叉，向后仰着靠在沙发上，眼神也很随意地看着社工，聊了一会儿，他随意的小动作开始变少，慢慢地身体从后仰到开始坐直，到逐步前倾，最后两条胳膊搭在面前的桌子上，眼神专注地盯着社工。不到十分钟交流的时间里，他的动作经历了从抗拒到被触动、从被触动到感兴趣、从感兴趣到主动倾听的全过程。在这个过程里，我们之间的信任感逐步建立，谈话内容也开始深入。

了解微表情对工作的帮助很大，我开始有意识地培养自己对微表情的敏锐性。比如服务对象说到一个话题，虽然他还是嘴角上翘带着微笑，但他的笑容有点僵，两眼无光、眼神开始向下，表情中有明显的矛盾，这时我就知道他此刻内心悲伤，我需要更安静地倾听和跟随，谈话中要有更多的留白空间。

后来，我会经常上网搜索一些微表情相关的内容，然后和现实作对比，从身边的人开始观察。

有一些是我们常常会用到的微表情判断方法，例如，羞愧时常常用手抚额头；悲伤时两眼无光、嘴角稍微下拉、上眼皮下垂；眼睛向右看是在回忆，向左看是在思考谎话；假笑时面部肌肉不对称；轻蔑的表情是嘴角翘起且只展示在脸部一侧；瘪嘴是经典的犯错表情，或是对自己的话没信心；说话时抚摸双手多半是对自己表述的不自信；指尖塔状收拢，说明这个人深具自信。撒谎时的表现有很多，例如，回答问题时挠鼻子、摸脖子就是典型的强迫行为；眼神和手指的方向不一样；眼球的转动方向；语言重复，声音上扬；声音和声调反常；摆弄手指，眨眼等。

这些发现，来自网络或自己平时的观察，不一定完全准确，但可以作为日常交流的重要参考。

总之，通过微表情进行判断需要多多观察、用心积累，它是一个在生活中随时随地只要身边有人就能做的练习，同时需要长期的积累后才能变成本能。人们真实的表情往往转瞬即逝，抓住时机才能对服务对象的反应和情绪有更深的了解，不错过当时那个最好的时机，面谈才更有效果。

“人们可能不记得你说了什么，但始终会记得跟你说话时的感受”
——态度的重要性

复和社工　石冲

有一次，我和同事一起去家访。家访的对象是一个性格非常倔强的爷爷，他在生活中基本不接受别人的任何意见。去之前，我对爷爷的态度有一定的了解，提醒自己更多关注爷爷的情绪，更多地引导他自主思考。在见面后的整个谈话过程中，爷爷果然一直沉浸在自己的思路中，在回答社工提出的多方向多角度引导性问题时，很多都前后矛盾。虽然整个过程中，我和伙伴会偶尔指出爷爷表述中的前后不同，但因态度真诚、言辞恳切，且眼神一直聚焦在爷爷身上，保持比较慢的说话语速，爷爷在整个过程中的态度一直是积极的，我们的家访目标也得以顺利完成。

这对我个人来说是一次非常有收获的家访，不只是因为达成了目标，也深刻地意识到态度是非常重要的。比如这次谈话时我一直有意识地对自己说：要专注聆听、表达同理心和无条件接纳。结果证明虽然有一些面质，但因气氛融洽，所以并不会影响和服务对象的关系。

做社工前我更多关注与人的谈话内容，做社工后因为知道态度和真诚很重要，在每一次家访过程中都有意识地在这方面提醒自己。因为好的态度能让服务对象更快地对我建立信任感，也就更愿意敞开自己的心扉，让我了解他内心真正的需求。

如何应对反移情

复和社工　石冲

2020 年 6 月的一天，我和督导一起去家访。之前我去过一次这个服务对象家，也了解他家的一些情况：爸爸反复吸毒，使得本就不富裕的家庭更是雪上加霜。因为对家庭无望，妈妈在服务对象很小的时候就撇下他离家出走了。爷爷过世了，奶奶 70 多岁了，还需要养鸡卖鸡蛋，靠着微薄的收入养家，他家因爸爸吸毒也不符合低保政策。从小到大，爸爸不仅没有给服务对象经济上的支持，还会恶劣地打骂他。服务对象是青春期的孩子，在和人交流的时候一直低着头，偶尔看人也因为惧怕而眼神闪烁。

在去家访的路上，我一直在想这些问题，不知道这个孩子从小到大是在怎样的贫困和孤独中度过的。快到服务对象家的时候，我无法控制自己难过的情绪，开始哭起来。

督导看到我哭了，给了我一些时间平复，但看我没法停止，在询问原因后，就运用优势视角带领我一起分析：服务对象不是没有人管，他大伯家就在隔壁，经常会照顾他；他家不符合低保政策，但符合事实无人抚养儿童补助的条件，申请很快会批下来；服务对象没有明显的行为偏差，说明逆境给他的影响在被他自己本身消化、修复。经过督导的带领，我从情绪中走了出来。后来，家访得以正常进行。

家访结束后，等我情绪稳定下来，督导问我：“为什么你对这个服务对象情绪反应这么大？是什么原因引发了你的情绪？这可能是需要挖掘、自身修复的那一部分。”后来我的反思过程，其实也是自我认知的过程。我自己从小感受不到家人足够的爱，遇事也从不跟人说，小时候不明白这种经历叫孤独，长大了明白后就选择一直压抑。当我看到服务对象从小到大的经历，就觉得他很可怜，同时唤起了自己未被处理的相似情绪，这种反应就是“反移情”。当我想到服务对象会情绪激动，其实是将自己需要和没有处理的内心世界的问题带入专业关系中，干扰了我的工作。

其实，反移情是新手社工经常会遇到的问题。那作为社工，在工作中带入自己的情绪时应该怎样迅速作出调整呢？

首先，具体工作中，一定要能敏锐发现自己的情绪反应，及时问自己一句：“这些反应是基于事实吗？”然后及时在脑海中找出更多不同角度的分析和例证。如果是真的，就去解决；如果是假的，就回到现实。大多数时候，我们会从想象回到现实。如果当时不能及时调整，可以根据情况及时停止，事后一定要进行反思，直到发现自我情绪波动的真正原因，并且进行自我修复。

其次，遇到这种问题不能一个人勉力应对，必要的时候要找督导寻求帮助，并进行专业的心理辅导和情绪疏导，直到我们能正视自己的内心，且在面对外界刺激时情绪按钮不会随时启动。

另外，我们也必须保持清醒，服务对象的问题就是她/他自己的，社工不能因此影响自己的生活，如果我们也陷入其中，如何能帮助服务对象走出生命中的黑暗时刻？

当然，应对反移情还有一种可能性：我们始终无法面对自己生命中最痛的点，它一直干扰我们对待特定类型服务对象的专业态度。这时就可以向督导说明，经辅导后仍无法解决就可以将此类个案转介他人。

在接下来的工作中，我遇到了另外一位人生经历更艰难的年龄更小的服务对象。在去之前，我告诉自己，停止还没有确切证据的想象，如果我把过多的精力放在同情上，会干扰我的专业判断，如果她真的很难，我就用我的专业尽我所能帮助她。结果见面时，她比我想象的要开朗乐观很多，我发现自己也能很轻松地和她交流，在整个家访过程中，我抛下自己的感受，把更多的精力放在关注她的情绪和语言表达方面，并从中不断寻找她的深层次需求。我知道，这才是帮助她的最好方式，因为我们各自终究有各自要走的路。

面对讲“面子”的服务对象，社工可以用“面质”技巧吗

复和督导　廖陈林

“面质 confrontation”是一个令不少新手社工胆战心惊的沟通方式。一提起面质，大家想到的可能是紧张的气氛、空气中凝滞的空气和不知如何收场的谈话。什么是面质呢？“面质又称质疑、对立（性）、对质、对峙、对抗、正视现实等，是指咨询者指出来访者身上存在的矛盾，促进求助者的探索，最终实现统一。”[①] 举例来说，当服务对象表示自己非常想设定清晰的人际界限，但又一次一次地出现违背自己当初与社工商定的保持界限的行为的时候，社工可以说：“××，记得你表示过不想再跟她/他来往，我们也制订了不少的计划。但是，现在看来，你仍然在与他/她保持联系，这与你之前心里想要达到的目标有点矛盾。你可以解释一下吗？因为你真实的想法非常重要。”

这种直接表明对方言语或者行为中的前后不一致的说话方式，似乎与我们文化中的含蓄和隐晦不太一样。但是，我们的文化里，真的不能接受这种直接的沟通方式吗？我觉得不一定。因为使用面质，并不是为了让对方丢面子，而是为了了解对方内心深处的需求。如果使用得当，面质能够拨开双方话语中的迷雾，提高沟通的效率。

比如，在我们服务的过程中，曾遇到过一个家庭：当社工问他们愿不愿意去探监的时候，服务家庭表示愿意去；但是当社工与服务家庭制订探监计划的时候，他们总是有不少的客观的推脱理由。社工以为这是服务家庭客观的困难，于是花了不少时间与他们讨论其他的方案，制订出新的探监计划。

---

① 面质［EB/OL］. https://baike.baidu.com/item/%E9%9D%A2%E8%B4%A8.

又过了一段时间，社工发现，服务家庭还是没有行动，询问后，发现他们又出现了新的障碍，需要制订新的计划，结果，新的计划也没有执行。在社工困惑于服务家庭的理解力和执行力的时候，他们很积极地准备好了申请司法救助的材料。在这种情况下，社工用面质的方式询问对方对于去探监的真实想法。服务家庭表示，他们觉得探监很浪费钱，每个月只需要在电话里跟服刑的家人聊聊就可以了，了解了他们真实的想法后，社工也随即调整了服务的计划。

其实，那次的面质，对团队来说，是一个成长的机会，但这个机会是用之前浪费的时间、精力和其他资源换来的。社工机构虽然不向服务对象收费，但社工的服务成本是很高的，效率是社工必须考虑的事情。因此，在彼此信任的基础上，怀着真诚的心，合理使用“面质”的技巧，是非常有必要的。

我觉得服务对象在说谎，我该怎么办

复和社工　李佳俪

我服务的个案中有个服务对象是个上初中的男孩——小天。有几次家访时，在与小天和他的家人沟通的过程中，我发现在有些问题上小天的表述与小天大妈告诉我的情况并不一致。例如我问小天国庆假期是否在家，小天告诉我自己假期都是待在家中玩手机，但是小天大妈却说小天放假一直跟朋友在外面瞎混，好几天都没回家。在与小天大妈沟通时，大妈也提到小天经常是在她面前答应得很好，但是事后依然我行我素，不按照他们约定好的来执行，这一点让小天大妈感到很无奈。我在与小天沟通的过程中，也发现小天当面回答问询时基本上都是说挺好的，很少提及不好的方面或负面的情况。面对小天这种不说实话或者对社工有所保留的情况，我想与小天当面对质，让他解释原因，但又担心面质会破坏我与小天之间的专业关系。我想，小天是不是不够信任我所以才对我有所隐瞒，这些问题一度使我陷入困惑。

针对上述问题，在进行自我反思的同时我也与督导进行了探讨。督导指出，如果服务对象所说的事情关系到服务目标的达成，或是会影响服务计划的实施时，社工才需要了解和探究事情的真实情况。这时社工可以适当运用面质、澄清等技巧来了解真实情况。回顾之前小天对我隐瞒或者没有说实话的事情，对小天的服务目标和计划的完成都不是直接相关或者非常重要，所以也就没有面质的必要性。督导也提醒我，社工的角色并不是侦探，如果服务对象所说的事情与服务目标没有直接关联，就不需要事事探究真相。

另外我还认识到，社工在使用面质技巧或探究事实的过程中，关注的重点并非是找出事实本身，而是需要进一步探究服务对象隐瞒实情背后的原因和动机，还有服务对象在面对这件事情时的情绪、感受和内在的需求。回想起在一次家访时，小天奶奶跟我提到小天最近几次周六下午就返回学校的情况。因为学校是要求学生周日下午返校，所以我对小天是否真的在周六回到学校的情况有一些疑虑。因此我跟小天的班主任老师核实了此事，班主任告诉我说小天那几次确实是在周六返校的，原因是小天家里没有暖气屋里太冷了，所以小天向班主任老师申请周六提前返校。这件事情也让我深刻感受到在关注服务对象表现的时候，更重要的是了解服务对象行为背后的动机和需求，尤其是难言之隐。这样我就能有针对性地了解小天家里的取暖情况，还有家里的居住环境是否对小天及家人的正常生活造成影响，从而更好地帮助小天及其家庭解决问题。通过这件事，也让我意识到社工应当从多方渠道收集信息的重要性，例如通过服务对象的家人、老师、同学、朋友等，了解和求证关于服务对象的实际表现和真实状况，使社工对服务对象的问题和需求有更加准确和全面的把握。

把握时机

——关于个案跟进频次和时机的反思

复和社工　石冲

在一次集体督导的时候，督导询问我们为何有的个案跟进次数很少，并针对我们跟进的频次提出如何确保个案服务质量的问题。在那一次讨论中，我发现，个案工作中，“把握时机”很重要。下面我想用两个案例来说明我的感受。

小明的故事：主动等待，有的放矢

小明（化名）是一个10岁的小男孩，在多次面谈中表现出良好的一面，和他聊天的过程感觉他既平和又阳光。但这些表现和养育人的描述不一致，虽然我在面谈过程中也借助了别的工具试图深入了解他，但他年龄虽小却把自己掩盖得很深，没办法从他的表情和语言中看出他真实的想法。因为没有办法深入，所以在跟进中我选择暂时减少对他的直接家访。由于机构每年都举办针对同质性群体的夏令营，举办夏令营的目的之一正是为了更深入地了解服务对象，所以我把深入了解小明的机会选择在了这个时间。通过夏令营中多种形式的活动和足够长的时间，他的特点会完全显现出来。我把所有人对他的观察和了解进行总结整理，然后带着这些观察结果去家访。夏令营后的家访效果非常好，我既向养育人详细讲述了小明在夏令营中的优秀表现，又描述了他在具体情境中表现出的问题。这时，养育人首先感受到我非常用心地对待孩子，而且因为有了直观深入的观察，我和养育人关于小明性格和心理的探讨得以深入。比如我说到一件具体的事情，养育人很快意识到了小明缺乏纪律性，因为我们的观察和周围人的反馈与养育人的看法一致，他们意识到了问题的严重性，主动寻求解决方案的愿望变得迫切，所以，目标得以迅速确定并且他们很快付诸行动。

小月的故事：被动等待，伺机而动

小月（化名）是一名少女，因监护人和养育人双双被强制戒毒，独自居住。我负责跟进她平常的生活状况，确保她的安全。在临近暑假时，小月突然手机关机，我们接连几天在不同的时间段去她家找她，都扑了空；她的亲戚（并不是法定意义上的监护人）没有找她的意愿，只说她有自己待的地方，现在应该是安全的，也不同意社工去找她，并且对社工的热心很不耐烦；我和学校联系，老师说她基本上不在学校。这种情况下，根据社工的专业界限和对小月安全的评估，我只能选择被动等待，预备等开学时到学校去找她，并在这段时间里偶尔打电话（一直打不通）或者发信息（期待她能看到）表示关心。

在督导中，督导问到我家访时间的问题，引起了我的一些思索：什么是合适的家访时机？多久一次家访的频率是合适的？个案工作和其他工作不同，它是有弹性的。它的弹性可能包括：①客观存在的问题，比如服务对象年龄和所处的空间不同，比如有的服务对象不在本地。也有可能是所处的阶段不同，比如在刚接案时联系会很频繁，到中期评估可能会节奏放缓。②服务对象的执行力不同，人和人不一样，有人执行力很强，有人会弱一些，每个个案的节奏不同。所以作为一个跟随者、帮助者，社工需要做到既不过度跟随又能有效推进事情进展。因为个案工作的弹性，又会引发一些问题，比如怎样在流程要求和执行之间达到平衡？要从制度上推进个案进展、防止社工思想上懈怠或缺乏行动，就需要流程的规范和监督，但个案工作又不能过度要求流程，严格执行几天联系一次。还有，是选择家访面谈还是电话回访也不是固定的，这个过程需要考虑家访效果更好还是只通过电话沟通就可以达到目的。

社工的工作很能体现人与人交往的艺术，它很微妙，需关注人的状态和当时的处境，又需要社工有灵活的头脑抓住当下的机会，进或退没有定式但又有章可循，所以时机的确重要且需要思索，我想，这就是个案工作的奇妙之处。

社工个人成长

社会工作是一个实践性和反思性的专业。书本上的理论在实践中被应用的过程，并不像我们想的那么简单。在教室里被论证和辨析的伦理和价值观，真的能成为指导我们行动的圭臬吗？当我们的价值观被挑战，自己内心的防御机制被激发的时候，我们真的能以服务对象的利益为核心利益吗？当我们的眼睛所看到的激发出我们内心的怜悯和愤慨的时候，我们会不会忘记自己专业服务者的身份，而被“救世主情结”情绪支配呢？为了保证自己有良好的状态去服务别人，我们是否要做自我关怀？让自己能够调整回合适的状态，回应服务对象的情绪、感受和行为。

因此，在我们的实践中，团队一直被提醒要给自己留下空间进行反思和调整。接下来的几篇手记，是我们个人成长中的点滴记录，它们虽然青涩，却很真实。

从解决具体问题到着眼于支持系统

复和社工　徐浩硕

有一次，我们所服务的一个服务对象表示想要去看病，于是，我们租车带她在其家人的陪同下去医院看病，医生说需要每周来打针一次。这时问题来了，我们可以每周都租车花费一天的时间带她去医院打针吗？当时我们真的在心里做好了打算，如果真的需要的话，那我们只能每周租车接她，直到治疗结束。这时，督导却对我们说，可以再问问对方是否有其他家人可以帮助。对此，我真的觉得很难开口，因为感觉服务对象孤立无援，没有别的依靠。我们抱着试一试的心态去问过之后，才知道原来这个服务对象有一个亲戚在城里，其实可以帮忙。这时我们心头压的石头才放下。

还有一次，我负责跟进的一个少年小 H 面临升学，但是因为种种原因功课落下了许多。小 H 愿意补习，但是因为家里经济原因不能去上补习班。为了解决这个问题，我自告奋勇地表示可以帮小 H 补习，他也同意了。随后的两个月里我每两周会去小 H 家为他补习一个上午。但是这样两次之后，小 H 就不愿意补习了，去他家的时候，他总出门躲着我。

以上两个例子，让我意识到，仅仅想办法“解决问题”是不够的，更重要的是调动服务对象身边的“支持系统”，并且评估对方真正的意愿和需求。在第一个例子中，我没有意识到，或者是我先入为主认为服务对象身边的人不会帮忙，因此低估了服务对象家庭自身的能力。我想当然的做法忽视了社工应该有的“系统思维”和“助人自助”原则。在第二个例子中，小 H 的厌学情绪已经很明显，当我问他是否愿意补习的时候，他的回应只是为了让我满意，而非自己的真实想法。即使小 H 真心想要补习功课，寄望于我每两周半天的补习其实也很难达到效果。我应该做的是找出小 H 周围的“支持系统”，比如学校、家庭成员等这些在小 H 身边能够督促他学习的人。

社工以“保姆”式的服务来亲自解决问题，是非常累的，更重要的是，与社工“助人自助”的理念背道而驰。因此，了解服务对象真实的意愿，挖掘出他们自身的支持系统，才是真正解决问题的方法。

社工如何回应服务对象在小组中的自我表露

复和社工　李佳俪

在2020年夏令营的小组活动中，有一天晚上，我们安排儿童和青少年营员们一起观看动画电影《疯狂动物城》，然后组织营员们针对群体偏见和个人价值相关话题进行讨论和分享。在讨论的过程中，有一个营员就偏见的话题在小组中袒露了自己曾经因为家庭背景而在学校遭受同学的偏见和语言羞辱的经历。

当时听完那个营员的分享后，我内心还是挺惊讶的，因为我没有想到会有营员在小组活动这样公开的场合中表露个人如此隐私的信息，并且是自己比较艰难和不愉快的一段经历。另外，我也担心其他营员在听到他的分享后会有什么样的反应，会不会让他们想起自己不愉快的经历而引发不适感？但是令我意外的是，该营员在分享完自己的经历之后表现得很镇静，他表示自己现在已经能够坦然接受和面对这样的事情了，并选择以不回应对方的做法来处理冲突。那时，小组的气氛也并没有因为他的分享而变得沉重或者冷场，其他营员反而对他的遭遇产生了共鸣和同理心，有的营员还为他提供了建议和可能的解决办法，也引起了大家的讨论。所以我担心的情况并没有发生，反而让我看到了营员们在面对自身或他人的艰难处境和痛苦经历时，所表露的真实想法和感受。

但是作为社工，我接下来应该如何回应该营员如此真实的自我表露，继续引导小组讨论的方向呢？我心里有些忐忑和不知所措，因为我们原本并没有计划讨论跟营员家庭背景和父母相关的话题，担心这些话题会触及他们内心的伤口。但是对于营员这样坦诚地自我表露，社工及时并恰当的回应又是非常重要的。幸好，督导及时为我作出了示范，督导首先肯定了该营员的勇气，感谢他愿意分享自己的经历并表达真实的想法。然后督导又强调了小组此时的氛围对该营员来说是安全和值得信任的，不用担心说出隐私会受到其他组员的排斥或者攻击。接着督导通过该营员的经历，引导小组中其他营员共同思考自己和父母之间的关系，帮助营员们澄清并认识到父母不在自己身边并不代表自己没有父母，因此自己也就不是别人口中的“没爸没妈的孩子”。通过督导的引导，营员们在小组中都有机会表达自己的想法，并且与其他营员有真诚的互动，小组的氛围也更加敞开和包容。

这是我第一次经历服务对象在小组中自我表露。虽然当时那个组员的自我表露，对于他自身而言是比较冒险和具有一定挑战性的，但是这样真实的表露也是很有意义的。这不仅能让该组员坦诚地表达自己内心的想法和感受，也让其他组员有机会更加了解他，给予他真实的反馈和共情，并且也给社工提供了恰当的介入时机，引导所有组员共同思考和探讨，成为组员们共同学习和成长的机会。

危机干预的服务对象是谁

复和社工　李佳俪

在机构服务的个案中需要进行危机干预的情况比较少，但也不是完全没有。有一次在督导服务的个案中，服务对象的爷爷跟督导提到了自己在一个月前曾有过自杀的念头并付诸行动，但是最后被路人及时劝阻了。在得知服务对象爷爷有自杀的想法及行动后，督导立即对其进行了危机干预。督导了解爷爷当下的心理状态及关于自杀的想法，并与爷爷初步制订了安全计划。督导将服务对象爷爷的情况分享给我们时，我感到很惊讶，因为接触到老年人自杀的情况比较少，同时我也对让爷爷产生自杀想法和行动的原因感到好奇。因此，督导在随后的家访中让我与她一同前往，观察她与服务对象爷爷、奶奶的沟通情况，并学习危机干预的相关内容和技巧。

在同督导一起家访前，我从督导之前与服务对象爷爷的面谈记录中了解到，服务对象爷爷因为身体原因无法继续工作，因此家中收入完全依靠服务对象奶奶。而爷爷看病买药的开销又比较大，所以服务对象爷爷在家经常受到奶奶言语上的攻击，爷爷受不了了才会产生轻生的念头。服务对象爷爷的情况也让我想到，从家庭系统的视角来看，男性失业不仅会给家庭经济带来影响，还会导致家庭关系紧张或冲突。而失业的个人也会心理自卑，丧失价值感，如果家庭关系持续处于紧张或冲突状态，就可能会导致像服务对象爷爷这样危机的情况发生。

那次的家访，是危机干预之后的跟进，目的是与服务对象奶奶沟通爷爷近期的状态及当下的危机情况，并沟通上一次督导与爷爷确认的安全计划，同时让奶奶近期密切关注爷爷的状态，确保其人身安全。另外，我们再次与服务对象爷爷确认了目前的想法及上次制订的安全计划，以评估爷爷目前的状态和危险性。

在家访面谈中，首先我们就服务对象爷爷自杀相关的情况与奶奶单独进行了沟通。因为谈论内容涉及爷爷的隐私，并且爷爷之前也比较介意让奶奶知道这件事。后来督导在询问过爷爷的意见后，爷爷表示可以由社工来告诉奶奶。因此，在经过爷爷同意后，我们采取了单独面谈的方式分别与服务对象奶奶和服务对象爷爷沟通了危机干预的相关情况。这也提醒了我，在与服务对象家庭进行危机干预时，需要根据当事人的意愿来选择是单独与家庭成员沟通，还是一起进行沟通。这对于专业关系的维系以及干预效果的形成都会产生一定影响。

在与服务对象奶奶沟通确认爷爷当前的危机状况和安全计划时，我观察到督导同时也询问了奶奶自身的需求，以及爷爷奶奶之间的互动关系。我一开始不太明白督导为何要询问这方面的信息，但是随着面谈的进行我逐渐理解了督导的用意。由于服务对象奶奶目前承担了家庭中主要的照顾责任，并且负担着家里所有的经济开支，压力比较大，因此奶奶也非常需要获得足够的心理及情感支持。所以督导接着引导服务对象奶奶发掘自身自然支持系统中的资源，例如关系好的朋友、可以倾诉的对象，或是能够提供帮助的亲戚等，并建议奶奶在情绪不好或者需要倾诉的时候可以找这些人来为自己提供支持，一方面能够使奶奶及时得到心理支持和情绪纾解，另一方面也能让奶奶避免将负面情绪发泄在爷爷身上，有利于改善与爷爷之间的关系。

面谈最后，我们在确认了服务对象爷爷目前没有再次轻生的想法之后，督导又引导爷爷思考下一步的计划，一起探讨爷爷重新开始工作的可能性。最后督导给爷爷布置了一项任务，让他打电话联系社区工作人员为服务对象了解教育救助的相关政策。我明白督导这样做的目的是为了让服务对象爷爷有事情可做，帮助爷爷分散注意力，避免长时间陷入负面情绪中。另外，我还注意到一开始给服务对象爷爷布置的任务必须是简单且力所能及的，让他能够在短期内完成这些任务，获得能力感和价值感，帮助他走出负面和自卑的情绪，最终达到解除危机并且为服务对象爷爷增能的目的。

通过对于这次家访的观察和反思，我意识到危机干预的服务对象不仅仅是服务对象爷爷一个人，而是对服务对象整个家庭进行干预和跟进。在首次进行危机干预介入时，基本上是针对危机当事人一人进行评估和制订安全计划，而在后续的干预和跟进过程中则需要以整个家庭为服务对象，从家庭系统和家庭结构的角度去剖析危机当事人以及整个家庭的问题和需求。正如该个案中爷爷的危机是由失业、健康问题以及与奶奶之间持续的关系紧张和冲突等多方面因素造成的，因此需要通过与服务对象爷爷的家庭系统工作，才能从根源上解决当前的危机。

社工的文化敏感度：社会服务中的性别视角

复和督导　廖陈林

2020 年，我们团队举办了一次夏令营，因为社工都是女性，而营员有不少是男生，所以我们找了一个男性志愿者来帮助我们。在营会当中，这名志愿者与我们的青少年男生之间的互动，让我非常感慨。平时调皮捣蛋的男孩子们在大哥哥面前，变得很乖；在大哥哥要离开的时候，他们恋恋不舍。那群男生之间沟通的方式，让我觉得非常不一样。

过了一年之后，在一次志愿者培训上，我们训练志愿者学习带有同理心的沟通方式。这时，有一个男生告诉我："男生之间不是这样交流的，如果我直接点出对方心里的感受，他会生气的。"于是我问他："那你们之间怎么说?"他说："不需要，一起去运动之后，他想说就会说的。"

这两次沟通令我印象深刻。社工说到性别视角的时候，谈论的多半是针对女性的保护。但是，我觉得，若真的要探讨性别视角，需要好好思考在以女性为主导的社会工作行业中，男性视角是否被忽略的问题。

社会工作起源于早期基督教会中的"友好访问员"所进行的关怀探访工作。这些"友好访问员"当时大部分是由女性担任的。从起源到现在，社会工作从业者中以女性为主体的现状并没有发生太大的改变。为什么这个行业中男性这么少？是因为行业的薪水太少，吸引不到男性吗？这也许是一个因素。但是，我也在思考，是不是这个行业的工作方式本身就不吸引男性呢？社会工作中以交谈为主的沟通方式，会不会让男生觉得太女性化而抗拒呢？

这种女性为主要从业人员的行业，对我们的服务有什么样的影响呢？我思考了一下服务对象的特点：不论是之前在国外，还是现在在国内，我们所接触的服务对象大部分都是女性、老人和未成年人，成年的男性服务对象其实并不多。这固然与我们所选定的服务人群（儿童、青少年和家庭领域）有关，但一个不争的事实是：我们服务的不少儿童，在成为青少年之后，与社工也逐渐疏远。这种现象让我开始思考：男性服务对象不多是因为他们本身的需求较少，还是因为他们本身的性格特点导致他们抗拒“被帮助”的角色呢？换一个角度来说，如果从事一线社工服务的大部分都是男性，会不会能“吸引”更多的男性接受服务呢？我期待在实践中得到答案。

社工的自我觉察：我们知道的和不知道的，都在影响我们的实践

复和社工　徐浩硕

做社工一段时间后，我发现影响我们的工作的，不仅仅是那些我们不知道的东西，比如不了解的理论、技能等，还有一些是我们认为理所当然的东西。

我小时候，当时办一件小事都要跑许多部门来回盖章，手续十分繁杂。在跟随家长去办理一些业务时看到办事人员不耐烦的表情、刻薄的语气时，我会很恐惧。那时我在心里告诉自己，长大以后最好不要跟这些人打交道，最好一辈子也不需要来这些部门的窗口办事。

这种观念在后来一直影响着我，以致在工作中我会故意不去考虑与当地基层政府部门联系的可能性。因此当督导提出要去走访基层政府部门的时候，我心里是十分抗拒的。但在硬着头皮去了之后，发现情况早已和我印象中的不同了。如今的基层政府大部分工作人员还是很有礼貌的，能热心接待我们。我们不仅能够将政府部门的一些资源分享给我们服务的家庭，也能与政府部

门一起合作，一起服务家庭。

另一个例子是关于从国外回来的督导的。在将一些理念带回来的同时，督导还带回了许多工具，其中之一就是为了增进家庭关系的游戏。在一次家访中，督导准备了一款游戏，引导服务家庭成员说出对方的优点。我在接受社工培训的时候，也做过类似的游戏。当时老师让组内的同学互相说对方的优点，这个游戏叫作“优点大爆炸”。说实话，这个游戏我做得还是挺痛苦的。因为一方面我很不习惯被别人当面夸奖；另一方面我觉得中国人在这方面还是比较含蓄的，过度的夸奖会变得像是在“吹捧”对方。

在那次家访中，果然，督导带的这个游戏并不顺利，服务家庭和我们都感觉很尴尬。在后来的复盘中，督导说在国外人们很喜欢这种方式，不知为什么在那次家访中会翻车。我说那可能是因为文化背景不同的原因，中国人不太好意思称赞别人，也不习惯被人称赞。当面的夸奖如果不是上下级之间的，很容易被人认为是“场面话”。

看来，不论是我，还是督导，都很容易将自己固化的经验和观点带入实践中。我们所认知的世界就是由这些充斥在我们脑海中的“材料”构成的，而每个人脑海中的“材料”都是不同的，因此每个人眼中的世界也都是不同的。社工想要做到尽量客观，就必须打破自己固有的经验和认知去探索在当下有用的方法。作为社工，我需要不断探索自己已知和未知的领域对自己的实践的影响有多大。

社工的自我关怀

复和社工　石冲

一次工作中，因两个服务对象家庭距离很近，我就给自己无缝链接地安排了两个个案的家访。本以为能顺利完成，可没有想到和两个服务对象的谈话都进行得异常艰难。两个家访交流内容都比较深入，且服务对象思维跳跃。在与第一个服务对象交谈了一个半小时后，我便直接进行了第二个家访。结果在交流中发现自己的注意力比较难集中，也不是很有耐心。结果可想而知，话题不时被服务对象带偏，没有办法深入，也无法细致观察服务对象的情绪，整个交流过程只是浅层次的谈话。离开服务对象家后，我心情沮丧。

事后回想，很重要的原因是在上一个家访中，我消耗了太多心力，却没有给自己留够补充精力的时间，导致在第二个家访同样需要耗费很大的心力时，我心有余而力不足，沟通效果不理想。

事后好多天我都一直处在自责的情绪中，觉得没有把握好那个时机，因为很多问题的解决都不会有第二次机会。反思的时候，我首先发现自己并没有做到自我接纳。自己服务个案的时间并不长，成长需要过程，出现这样的问题没想到也是很正常的，我需要接纳自己，坦然面对自己目前的能力有限，还无法做到游刃有余、轻松应对。另外，家访过程是和家访对象相关的高负荷脑力劳动，人的注意力无法长时间集中也是正常的，解决这个问题很简单，下次协调好时间就行。

在之后的工作中，我首先会尽量把每个个案时间间隔排开，如果当天有多个家访，家访之间就要有能恢复精力的休息时间，以确保每一个个案的探访质量。在每次家访或者通电话前，我也提醒自己做好个人精力和谈话内容的双重准备，因为每一个服务对象的时间也很宝贵，只有精力更集中，才能更有效。如果有一些目标没有达到预期效果，我会先自省：这次有没有带着爱心全身心投入？自我肯定之后，如果还有未解决的问题和情绪，我也会主动寻求社工战友们的支持，找她们聊天，她们会帮我疏导，也会给我提供中肯的意见和更多角度的分析。

这些经历让我发现社工需要善待自己，需要有意识地操练一项很重要的技能，那就是“自我关怀”。自我关怀有很多方面，也有很多方法，每个人的具体情况不同，使用的方法也不同。对我来说：首先，学习运用优势视角看待自己，为自己做得好的方面在心里鼓掌。我是一个经常否定自己的人，遇到很小的事情可能都会自我否定，所以“优势视角”的训练对我很重要。因为只有先学会肯定自己，才能更好地运用欣赏的眼光来看待服务对象和身边的人。其次，剖析了解自己的潜意识，了解自己各种想法背后的真正原因，然后接纳真实的自己，不管那个自己是消极还是积极的。比如我觉得自己很懒惰不爱收拾家，在深入分析后发现只是因为东西太多，每次整理都很费力，所以不愿收拾。当找到问题的根本原因原来是断舍离做得不够时，一切问题迎刃而解，我开始享受断舍离后收拾屋子的乐趣，也不再认为自己懒惰了。最后，当有一件不好的事情发生时，做几件对自己好的哪怕很小的事情，比如拿一杯甜甜暖暖的茶捧在手里、放松自己看看窗外的蓝天白云……这些方法都很实际地应用到了平时的工作和生活中，对我帮助很大。在我发现自己情绪不好的时候，我会想象如果有一个我很在乎的朋友受到打击来找我寻求安慰时，我会对她说些什么、做些什么，我可能会给她一个温柔的拥抱、真诚的安慰……然后，我会努力去像关心别人一样来关怀自己。

社会工作是很费心力的工作，如果情绪和问题不断积压，慢慢就会产生无力感和负担感，很多社工会逐渐失去对本职工作的兴趣，导致职业周期不长，所以社工的自我关怀和对情绪问题的及时处理非常重要。

第九章　督导手记

复和督导　廖陈林

督导的职业伦理

职业伦理是一个专业的根基，伦理所保护的对象，不仅仅是服务的接受者，也包括服务的提供者。社工直接服务有需求的人，而督导则需要直接服务社工。因此，督导同样需要思考自己在与社工的关系中是否有权力不对等的情况，是否与社工有合适的界限，自己是否在做超出自己能力范围的事情，以及是否在用社会工作的原则对待社工。合格的督导，需要了解自己的能力范围，并给予自己和团队足够的成长空间。以下的心得，是督导自己的成长经历。

督导都是对的吗

——直面自己的不足与困惑

在我督导的工作中，有两件事令我印象深刻。

第一个是关于伦理问题的讨论。在我们的服务过程中，我们都使用工作手机和工作微信跟服务对象联系。有一次，同事小G在使用工作微信的时候，看到了服务对象小Z的朋友圈，小Z朋友圈的价值观令小G感到不快，于是她跟我讨论是否可以屏蔽服务对象的朋友圈，同时关闭自己的朋友圈。她的理由是服务对象的朋友圈是隐私，社工不需要也不应该了解，不然会混淆专业界限。而我则认为，小Z既然选择在朋友圈分享一些事情，也没有选择屏蔽社工，说明服务对象并不觉得那些是隐私，社工不需要专门去屏蔽相关信息，且因为社工用的是工作手机，社工朋友圈里的信息也基本上是机构的对外通知，并不属于突破个人界限。在这个过程中，我们俩谁也不能说服谁。

第二件事，发生在我和社工 S 一起跟进一个未成年的服务对象小 C 的过程中。小 C 因为父母都被强制戒毒，所以失去了经济来源。在进行接案预估之后，S 认为需要解决小 C 目前的基本生活问题。因为机构的原则是不能给现金，且资助需要进行需求评估并制订预算和计划，所以在家访时，作为示范，我询问了小 C 很多的问题，包括她的生活预算、主要的收入来源以及接下来的打算。这个过程持续的时间不短，一旁的 S 在那里坐立不安。事后，她说那个过程中，她觉得我非常冷漠，应该先带小 C 去吃饭，再做预算。我分辩道我已经问过了小 C，小 C 表示不用，而且小 C 的亲戚当时在场，作为自然支持系统，这些紧急的需求应该由小 C 的自然支持系统而不是社工提供。虽然我当时非常有理由认为我做的都是对的，但显然 S 并没有被我说服。后来，S 跟进小 C 的时候很不顺利，S 感觉非常失望，所以再次质疑我们之前的工作方式。说实话，那时我也在质疑自己的做法：当时我在家访中的坚持一定是对的吗?

这两件事让我再次思考督导本身的功能和价值。最初做督导的时候，我觉得重要的是技术。如果我能搞定同事们无法搞定的个案，将评估做得更准确，计划做得更易于操作，或者是帮助她们链接了不易链接的资源，跟她们探讨面谈时的沟通技巧等，我就是一个好的督导。但是，这两件事让我意识到，做督导，除了需要有相对丰富的个案经验，更重要的是愿意探索未知，鼓励别人去探索未知之地，并且承认自己有自己的短板和盲点。说到底，督导的服务对象是社工，如果我给予了答案，但打击和削弱了社工自我成长的勇气和力量，这样的督导并不是成功的。

有所能为，有所不能为

——督导的能力要求

记得刚开始做社工的时候，我常常很紧张，害怕自己的表现让服务对象不满意，或者做错事情。在那个阶段，我的督导 H 给了我很多支持。她是一位资深社工，每次在听完我描述自己的个案情况后，总能给我清晰有效的指引。如果没有H在那几年的支持，我估计自己会长期陷入服务中的困境，找不到出路。因此，在我自己成为督导之后，我也希望像H一样，能够尽量给团队提供支持。

团队开展个案服务一段时间后，我们开始意识到同辈支持小组的重要性，于是开展了小组工作，并一起以读书会的方式重温《小组工作》。记得有一次，一起学习《小组工作》的材料时，有一位同事提出，这样学习经验有很多不足，希望能像个案工作一样，有更多的实践机会和具体的实务案例进行探讨。我只能抱歉地告诉她：对不起，我无法提供这样的支持，因为我个人的小组工作经验非常有限。

那时，我心里有点失落，也有一点丢脸的感觉。之前同事们做个案的时候，如果碰到复杂的个案，我基本上都能找到提供支持的方向，但是在面对小组工作的时候，我明显缺乏底气。后来，我想，社工的基本伦理之一是提供与自己的能力相匹配的服务。督导也是一种服务，只不过服务的对象是社工而已，当督导本身没有督导某种服务的能力，却勉强自己提供，也许会变成盲人领盲人，最后两人一起迷失方向。有所能为，有所不能为，这是我需要接受的现实，更是社工需要坚守的伦理。社工就像医生，底气来源于一个又一个的案例，包括失败的和成功的，在现阶段，要接受自己的局限性，才能继续前行。

社工教育

社会工作是一门实践性很强的学科，对于社工专业的学生来说，社工机构就像他们实习的医院、工厂，他们需要在工作中体会书本上的理论和技术如何在实践中应用出来。因此，社工机构承担着社工教育的重要职责。学生可以在机构学习具体的微观技巧、学习如何在中观系统中为服务对象争取权益，并学习如何通过一线的实践进行政策倡导。笔者常常希望机构的服务和引导，能够成为扎根学生心灵深处的种子，让学生看到社会工作的价值和意义。

社会工作的价值中，实现社会公义是很重要的一个原则。提到社会公义的时候，大家的理解常常是政策倡导。其实，公义除了由宏观层面的政策倡导来实现外，更需要在微观服务的层面被落实，因为公义不能被彰显的根源在于权力不对等带来的权利不对等。拥有资源和权力的一方若不能谨慎使用自己的手中的权力，让权力能在公平的环境下被使用，并被监管和问责，也许就会带来欺压。这种欺压，并不仅仅发生于服务对象与他人之间，也可能会发生在社工与服务对象之间，甚至发生在督导与社工、机构与实习生，甚至是老师与学生之间。这种警醒和察觉，在每天与不同关系的人相处中，都可以得到操练。

在这一节，笔者所选择的两篇手记，都与社会公义的议题有关，一篇是培养学生在微观实务中关注社会公义的话题；另一篇是机构如何在社工实习教育中践行社会公义。

时代的灰与个人的山

——如何在微观服务中培养社工学生对宏观议题和社会公义的关注

有一次，我带一个实习生小 Y 一起去一个经历了意外事件的家庭探访。遭受意外事件的服务家庭中没有男主人，女主人 Z 大姐仅有初中文化，且表达能力比较弱。Z 大姐表示，意外事件不仅给自己的家庭带来了重大的经济损失，且因为涉及别人，所以还需要赔偿别人的损失。在计算损失的过程中，她感觉自己被人欺负了，但不知该如何处理这些情况。在家访的过程中，我需要不断地帮助 Z 大姐厘清她的思路、她现在面临的处境，梳理她现有的资源，以及接下来她可以使用的资源。我们也表示，会帮助她联系我们认识的公益律师做维权的工作，以及我们自己也可以陪同她出庭。

在家访的过程中，我感觉在一旁记录的实习生小 Y 一直处于比较紧张的状态。我想，一方面，是她需要记录大量的内容，另一方面，是服务家庭所遭遇的事情，对尚未走出校园的她来说，是较少遇到的人间百态。服务结束，返程的路上，我跟小 Y 说明了几点：①对于服务家庭所遭遇的意外事件和后续的损失的归因，我们不需要站在警察的立场来查清事实，因为这不是我们的责任。②Z大姐是我们的服务对象，因此，我们需要站在她的立场上来捍卫她的权益，就像律师要捍卫客户的权益一样。③服务家庭本身处于弱势，虽然我们不能作为律师去做维权的工作，但是，我们帮服务家庭联络需要的资源，帮助Z大姐厘清自己要表达的内容，是在赋能给她，使她在压抑的状态中，寻找到一点缝隙来为自己发声。这种声音虽然很弱小，但这就是社会公义在个案身上的彰显。

那是我第一次从个案工作的角度跟实习生谈社会公义这个话题。小Y在来机构实习之前，就明确表示自己对“部门联动”和倡导工作很感兴趣，所以，在实习的过程中，我比较注意让她了解和参与机构在中观和宏观层面的工作，比如，让她阅读机构理念的研讨会资料、参与机构与本地政府部门合作的工作。但带她去家访的这次经历提醒我：倡导既是我们的方式也是我们社会服务的目的！倡导不过是宏观社会工作的一种方式，其要达到的最终目的是通过政策和法律的优化实现社会公义。社会公义的实践，在微观、中观和宏观层面都有空间，带小Y去拜访政府机构、宣传我们的政策倡导是实践社会公义，带她去家访，为服务对象谋求权益，更是社会公义的实践。

2020年疫情期间，有一句话广为流传：“时代的一粒灰，落在个人头上，就是一座山。”我们的努力，可能改变的是时代的一粒灰，但是，对于每一个人、每一个家庭来说，却是与他们的命运息息相关的一座山。我们每一个人，都可以通过努力，去推动压在别人身上的或大或小的山丘，而这样的工作，最终会改变时代上空灰尘的走向。

不轻看自己，每个人都有影响力

——小型民间机构如何在本地社工教育中承担引领作用

毋庸置疑，实习是社工教育中非常重要的一环，不论是本科教育还是研究生教育，毕业都需要满足一定的实习时数要求。作为一个小小的民间机构，在过去的几年中，也一直承接着与本地高校的合作任务。在这个过程中，有一句话对我影响很大，那就是：“对方虽然是高校，但是仍然有被引导的空间。”这句话让我意识到，在社工教育的领域，我们仍然承担着倡导者和教育者的角色任务，而且我们倡导和教育的对象不是政府，而是高校。经过实践，我们也发现，这样的定位并不是自高自大，而是可以实现的。

这个过程是如何实现的呢?

首先，我们为自己争取权利。

机构第一次接收高校社工专业实习生的时候，场面有点混乱。当时令我惊讶的是：我们在与学生尚未彼此了解的情况下实习就开始了。那时，我意识到学校可能没有意识到提前沟通的必要性。思虑良久，我决定跟老师们提出我们的需求。于是，我跟参访机构的老师们说：“机构希望认真对待每一个实习生，所以，希望实习生跟机构是在彼此了解的情况下完成双向选择的。今后的每一个实习生，我们都希望有机会提前面试，让学生有机会思考并作决定。”在那次谈话之后，每一次推荐实习生到机构的时候，学校都会提前将学生的简历发给我们，让我们安排面试。这让我们很受激励，因为我们的意见被学校采纳了。

其次，我们确保学生的知情权被维护。

如上所述，我们在接受了学生的简历后，开始跟她们约定面试的时间，并建议她们通过公众号提前了解机构。在面试的时候，我们尽量了解每个学生的期望和需求，让她们知道机构能做的和不能做的分别是什么。面试结束后，决定接受学生来机构实习时，我们都会请学生考虑之后，再答复我们。其实，大部分学生都很懵懂，在我们通知后往往立刻回复：“老师，我愿意来!”但是，我们坚持这样做的目的，是在给学生传递一个理念：我们彼此的地位和权利是平等的，机构有责任给学生足够的信息来帮助他们作出最适合自己的选择。作为社工专业的学生，被这样对待其实就是在让她们体会社会工作的价值观。

如何从零开始训练社工

机构团队成员大部分都是从零开始的社工新手，对他们来说，承接个案工作不是容易的事情。个案工作虽然有一定的流程、规范和标准，还是需要社工在极短时间内对服务对象的情况作出精准的判断和及时的回应的。在社工历史相对较久的国家和地区，相当多的社工服务模型经过实证研究和评估，已经进入了产品化和流程化的阶段；另外，在这些地方，社工教育相对成熟，社工多半有社会工作或者相关教育背景，所以，即使是新手社工，经过一段时间的培训，往往能够比较快地根据服务模型的流程独立工作。但是，在目前本土的环境中，很多的社会工作从业者并没有社会工作教育背景，而且不少服务需要社工独自摸索，因此，如何训练好新手社工，是摆在督导面前的挑战。

在我们的实践中，不少社工没有社会工作教育背景，我们尝试按照以下几个阶段进行培训：

第一阶段，督导给予社工直接的指导，社工在尚未完全理解原则和理论时，能够有具体的执行指导。

第二阶段，在经过了第一阶段的“执行”后，社工开始能够从认知的层面理解社工的基本原则，并能够在处境中运用原则。

第三阶段，社工能够用批判的眼光看待既定的工作流程、流程背后的原则和理念，并能够在实践中进行变通。

在这一节中，我们希望能够借由几篇督导手记，与大家一起分享我们训练新手社工的点滴经验。

“师徒式”的督导方式

在我刚开始做社工的时候，机构所提供的服务虽然是一套已被实证研究证实有效果的服务模型，但我仍然经历了被教练训练的过程。训练的流程很直接：教练带社工接两个个案，判断社工是否有独立操作模型的能力；如果社工在两个个案结束后仍然不能操作模型，则增加个案的数量，直至教练评估认为社工有独立操作模型的能力为止。一开始我主要观察教练的做法，从初次电话联络到家访，再到后来使用评估工具（评估工具部分需要有单独的训练和考核）进行评估，制订家庭计划并进行计划的跟进。每次家访后教练都会跟我复盘讨论。在这个过程中，除了关键的流程外，一些简单的流程我会独自处理，比如链接资源、联络服务对象等。等到第一个个案结束，教练会让我独自承接第二个个案，由她在一旁观察我的做法是否合适，之后再复盘优点及需要改进的部分。这种师徒式训练方式对我有很深的影响，在我成为督导之后，也成为我主要的训练新手社工的方式。

要培养一个社工，往往要同时考虑其价值观和能力，能力可以后天培养，但价值观是不容易被影响的。所以，在社工的价值观和能力不能兼得的时候，我会先考虑评估对方是否认同社工的价值观和机构的使命，再考虑能力的培养。因此，这几年我们大部分的同事都是从没有社会工作的教育背景或者工作经验开始，慢慢学习社工工作理念和技巧的。我督导的方式也是师徒式的督导，具体来说，分为以下几个阶段：

在社工入职后，我首先带领她们学习“社会工作入门”和“个案工作”这两门课程。虽然“个案工作”在一些社工硕士的课程中被列为高阶课程，但是因为我们提供的主要是个案服务，所以社工需要在短期内了解个案工作的基本理念和流程。与此同时，我会让社工通过开始阅读机构已有的服务档案，了解自己将要负责的个案的基本情况和社工已经采取的行动。在社工对个案工作的基本概念有一些了解后，我会使用新接的个案作为教学案例。

比如，在2020年5月，团队有两名无社工背景的同事加入团队，在她们学习了解了社工的基本理念和价值观后，恰好有一个新的个案机会。在评估了个案的基本情况（自行寻求服务，服务意愿较强且服务对象无明显创伤经历）后，我带着两名社工一起去家访，请她们观察我如何介绍机构的服务，解释服务的内容及评估服务对象的基本需求。在这之后的家访尤其是评估阶段，我都会带着两名社工一起去，并开始给她们安排一些简单的工作。比如，请她们在家访时给服务家庭介绍相关的福利政策；在我与家长沟通的时候，社工在一旁跟儿童通过游戏互动。再往后，我开始将一些简单的任务交给社工，比如，请这两个社工在家访前讨论方案，根据内容的难易进行分工。然后，我发现两个社工一起服务一个家庭存在不少问题：与服务对象交流的时候，社工之间出现了抢话的现象，有的时候一个社工的思路会被另一个社工打断，话题也会被带偏；此外，两个社工个性和能力都不同，性格内向、思考时间较长的社工逐渐在家访中沉默起来。考虑到她们已有一定的基础，我请她们分别负责不同的个案，而我则分别陪伴她们工作。

在现有的处境下，这种师徒制的训练方式要付出很多的时间，因为我们并不是在一套已有的固定流程下工作，而是根据个案工作的基本原则和理念和我们已探索的一些基本方法，针对每个个案提供服务。这种方式对社工处理个案的能力要求比较高，对于新手社工来说更不容易。很多时候，我都需要跟着社工一起去家访，之后再复盘讨论。但这种方式非常耗费人力，同时也会让一些社工产生依赖感，觉得如果没有督导提供紧密的督导和陪伴，服务就无法继续推进。所以，我也在思考这种师徒式的督导是否有可持续性，未来如何，期望继续探索。

如何训练社工服务高危个案

在做督导的这几年，我们遇到的高危个案并不多，但基本上都是自杀干预。因为团队中大部分成员都没有处理过高危个案，所以基本上都是我自己去见服务对象，但这种情况不能一直持续，不然团队的工作无法持续，而且社工没有得到成长。其实，社工需要不断在得到支持的前提下接受挑战，所以，培养出能服务高危个案的社工，是我的责任。

那么，我是如何做的呢？其实，这个过程还在进行中，虽然我和参与的社工都属于“未完工”的状态，但仍然有一些经历可以与大家分享：

第一步，是选择合适的社工。

高危个案需要接案社工用谨慎的态度来对待，当服务对象透露一些敏感信息的时候，听到的人需要保持稳定的情绪，不能过度反应。所以，一同前往面谈的社工，需要有一定的经验和人生阅历。

第二步，让社工有机会面对高危个案，并且与督导分别承担不同的任务。

我曾经服务过一个高危的青少年小 C，因为小 C 曾经有过激行为，所以小 C 的家长请社工前去谈一谈。当时我带了一个社工前去，对小 C 进行评估后发现，小 C 虽然有过过激的行为，但是没有伤害自己和他人的想法和计划，所以，小 C 的危险等级降低了。后来，我们再次与小 C 的家长沟通，将小 C 在情感上的需求告诉家长，鼓励家长给小 C 情感上的支持。经过这样的评估和处理后，我认为这个个案的隐患并不大，于是，我将个案转交给社工，让她自己跟进个案。这样让社工能够有机会了解面临高危处境的服务对象，当社工接触这类的个案多起来，心里的自信才会慢慢建立起来。

第三步，社工配合督导进行危机的处理工作，但主要是跟进，而不直接制订安全计划。

2021年，我们又接到一个高危个案服务对象小Z。小Z在第一次见面的时候，告诉我和同行的社工，她有过自杀的行为，近期也有自杀的想法，只是还没有计划。于是，我与小Z探讨了会触发她过激行为的因素和能使她放下自杀想法的行为，在此基础上制订了安全计划。制订了安全计划之后，我将这个个案交给社工L处理。当时，L很害怕，说自己无法处理这么复杂的个案。我告诉她："我会一直陪伴你服务这个个案，如果遇到不知如何处理的情况，我会及时介入处理。现在，你先处理事务性的问题，帮小Z申请需要的资源，之后，你做不了的事情，我会配合你。"于是，L接下了这个个案。

很快，L发现自己遇到了困难。一天深夜，L给我打电话，说小Z有自残的想法，问我怎么办。于是，我们建了一个微信群，在微信群里，我开始评估小Z的想法和身边的情况，得出的结论是小Z当时没有问题，不需要打电话报警。当天晚上我们处理完小Z的情绪后，L告诉我，她感觉到焦虑和紧张。我发现，这种情况对没做过危机干预的社工来说，是一种高强度的刺激，需要及时进行情绪疏导。于是，我安慰L，表示小Z目前的状况没有问题，请L安心睡觉，如果有问题，由我来承担。面对L的畏难情绪，我没有退让，告诉她这个个案仍然由她来负责，因为L已经受过了训练，也见过督导如何处理高危个案，所以，L需要走出自己的舒适圈，而不是一直躲在督导的背后。其实，说这些话的时候，我也很紧张，不知道对方是否能接受我的要求。感恩的是，L理解我的用心，开始通过微信分享服务过程，只是在不知道如何处理的时候，仍然在第一时间来找我，让我帮忙想一想如何回应小Z的情绪和感受。有时候，我会教她如何回应；有时候，我会请她先自己想一想。

第四步，充足的支持，合适的放手。

督导常常需要反思自己是否在无形中剥夺了社工成长的空间。社工需要以服务对象的权益为中心，这样的价值观是非常重要的，但同时也会让我时常觉得很多情况需要我自己亲自处理，而不是交给社工来处理。如何在全力维护服务对象的权益和协助社工成长之间达成平衡，是我常常需要考虑的问题。上文提到服务对象小 Z 的高危个案，我后来在家访时，仍然会带着 L 一起去，那时，我发现在 L 不知道如何说话的时候，她就停下来，看着我，等我说话。有的时候，我会将小 Z 的话接过来；等到了合适的环节，我再将话题抛回给 L，请 L 继续将面谈进行下去；有时候，等关键的事情处理好，我也会借故走到另一个房间和小 Z 的养育人聊聊，让 L 与小 Z 单独谈话。这样做之后，L 与小 Z 逐渐熟悉起来，当关系建立后，再进行艰难的谈话，就容易多了。

L 的训练还在进行中，我也在逐渐积累经验。其实做督导有的时候就像带小孩，陪伴一段时间后，就要让孩子长大，学会分离，孩子可能会哭闹，但陪伴是为了最终的成长与分离，因为社工最终也要成长为督导，去陪伴别人成长。

如何协助社工在实践中操练生态系统理论

对于一个未受过社工理论训练的社工小白来说，处理家庭个案是不容易的事情，因为家庭本身就是一个系统，而家庭之外的生态系统，又涉及学校、社区等相关方。当这些复杂的信息扑面而来的时候，新手社工需要学习厘清关系，区分重点，确定服务的切入点，这些都不是容易的事情。

所以，在我们的培训中，一直强调系统的观念和角度。跟家庭工作的时候，鼓励社工画出家庭系统图和生态系统图，看系统中出现了什么问题，以及如何从系统的角度来解决问题。比如，在跟进某一个未成年的服务对象的时候，孩子的奶奶是实际养育人，但孩子的姑姑对家庭有很大的影响。一方面，社工需要学习将孩子姑姑的诉求传递给奶奶，看姑姑的诉求是否也是服务家庭系统的诉求，而不是被孩子姑姑的诉求牵着鼻子走；另一方面，社工需要尽力发挥孩子姑姑作为自然支持系统的功能，鼓励她作为在年龄和性别方面都很适合关怀孩子的成年人，持续地给予孩子关怀。

在工作中，社工若只是停留在事情的解决上，却并没有致力于使服务家庭与其外部系统的关系得到增强，那么，社工的工作还有很大的提升空间。

比如，有一次，我们服务的一个青少年小 R 有违法行为，且在“犯事”后一直在外，既不回家也不回学校。小 R 的班主任对他的情况比较了解，而小 R 的养育人（亲戚）则对小 R 去向的跟进不是很积极。社工出于自身的职责，一直与小 R 的班主任保持联系以了解小 R 的去向，当该社工与我讨论接下来的行动计划时，她表示自己会将小 R 的去向告知小 R 的养育人。这时，我提醒她：“我们这样做，会不会让小 R 的养育人与小 R 班主任之间的联结一直处于很弱的状态？养育人应该与孩子的班主任保持紧密的联系，我们要做的，是促进这两个人之间的联系。”其实，增强小 R 的养育人与学校的联系，引导他看到自己的付出对孩子今后的影响，这个过程比较漫长，也需要等待合适的时机，但却是值得的。

有的时候，慢一点，并不一定是坏事。慢下来，冷静思考我们的行为是促进了服务对象与系统的联结，还是起了反方向的作用，是我们需要常常反思的问题。

如何协助社工确定服务的频次

作为督导，我除了在技术上为团队提供支持外，也承担着管理的责任，尤其需要监督服务的质量。在监督服务质量方面，除了了解每次服务的质量之外，了解服务的频次也是一件非常重要的事情。我发现，在个案服务方面，很多社工对于服务的频次是不清楚的。用什么样的方式来跟进服务的频次，对我来说，也是不小的挑战。

对服务频次的把握，我经历了几个不同的阶段。

第一个阶段：推翻已经设定的服务频次，提出“以服务对象的需求来确定个案服务的频次”。

刚接手项目的时候，我经常好奇为什么提到家访的时候，同事们会将其看作一件大事，或者是一个大型的活动。那时，我听到他们说：“这个月该家访了。”或者说：“我们得安排一下车子和预算。”这些说法令我很困惑。对我来说，家访是一件可以随时做的事情。若我服务的家庭有需求，我应该当天就去家访，而不是按照项目计划去安排几次家访。如果有的个案需求已经不大，社工就应该减少家访的频次，开始准备结案。但是，那时我发现同事们没有这个概念，他们对家访的频次安排是从项目的设定出发的，而项目的设定又是跟合作方确定的，比如，项目的设定是每户每年4次家访，或者10次家访。那时，我开始跟团队说："我们要根据个案的需求去家访，每个个案的需求不一样，有紧急需求的，可能需要一周一次；需求不大的，一个月甚至两个月去一次都可以。"

这样做了一个阶段后，因为个案的数量不多，而且团队人员较少，所以每个个案我都了解情况，甚至会直接或者间接参与服务，所以，每个月看到社工的个案服务记录后，我都能够直接根据每个个案的需求，对下一步的计划提出要求。

第二个阶段：发现这种"评估需求以确定服务频次的方式"出现了问题。

在第一阶段运行一年多之后，团队的情况发生了改变：一些社工离职，新的社工加入团队。集中培训了半年后，我让社工独立承担一些个案的服务。这时，我发现了几种现象：①对于某些社工来说，评估个案的需求是比较困难的，如果督导给他/她自由裁量的权利，社工可能会无所适从，从而导致某些个案的服务处于停滞状态。②对于某些社工来说，个案服务的频次与自己的个性有关，有些社工是目标导向的，所以服务频次较高；而对另一些社工来说，一些个案的服务难度比较大，社工在缺乏紧密的督导和支持的情况下，社工会倾向于将困难的事情（服务）一拖再拖，而将一些没那么复杂的事情安排在优先次序，导致某些有需求的个案没有得到及时的服务。

在我仔细追踪了几个个案的服务工作后，我发现，给予社工自由去评估服务对象的需求，并按照需求去提供合适频次的服务的前提是社工有完成评估的能力。而且，即使社工有能力进行评估，督导仍然需要给予及时的反馈。对于评估能力较弱的社工，督导需要设计简易的工具，来协助社工发现服务的必要性。

除了单纯针对个案服务之外，我发现团队的工作方式也会使社工偏离自己的本职工作。一些初创型团队人数少、任务多，社工需要同时协助机构完成不少行政任务。对于社工来说，他们并没意识到自己的优先任务是服务，而不是其他事情；对我来说，除了在技术上给予社工支持，更需要在管理上帮助他们确立自己工作的优先次序，并学会与其他部门的人进行沟通，确保服务时间不被其他的任务挤占掉。毕竟，我们都生活在系统中，为了确保服务对象能及时得到合适的服务，社工需要有足够的资源和时间，而我，就应该是那个支持性系统。

督导过程中的“留白”

在跟服务对象面谈的时候，社工常常担心的是不知道说什么。其实，在人际交流中，有时候不说话比说话还重要。适当的沉默，有的时候不但有必要，还会非常有力量。有的时候，服务对象不说话，是因为对方还没有想好怎么回应社工的问题；有的时候，社工的沉默，是给予服务对象一定的空间甚至压力来思考该如何回应社工的问题。所以，社工不必急于填补交谈中的“空白”，而是要在服务中适当“留白”。

“留白”的做法不仅仅在个案工作中可以用到，其实在督导的过程中，也是很重要的。面对新手社工，我做的其实并不仅仅是督导的工作，还有很多培训。在这种情况下，带新手社工很容易变成“师徒式”的带领，社工容易对督导产生依赖，甚至不会去质疑督导的做法是否是合适的。所以，我觉得，为了赋能给社工，督导也需要有意识地学习“留白”的策略。在我个人的实践中，这种策略分为三种情况：

第一种，是在陪同社工家访的过程中“留白”。在遇到比较复杂的个案时，我常常会陪着社工一起去家访。在这种情况下，如果我不有意识地让自己在家访中“隐身”，学会闭口不言，社工会失去练习的机会。记得有一次我陪一个社工去见服务对象小 C，面对小 C 的一些行为和话语，社工不知道该如何回答。于是我接过话题，开始跟小 C 沟通。家访后，我跟社工复盘，社工表示，其实我后来给小 C 的回应，她也想到了，只是在家访的现场，她需要多一点时间来反应并组织自己的语言。那时，我意识到，当天的家访我虽然做了该做的事情，但作为督导，我使社工失去了一次成长的机会。其实，当时小 C 的问题并不是很紧急的事情，即使社工的回复不是完美的，在之后的服务中也可以补充。社工在实践中的成长过程不可能完美，督导需要学习放手，学会在一定的时候沉默，给社工空间来自己成长。

第二种，是在社工成长的空间中“留白”。我常常对别人期望比较高，每次跟社工复盘的时候，总是忍不住给对方提好几点改进的建议，但我后来发现，社工能消化吸收的并不多。我想，其实社工也跟我们的服务对象一样，有一个成长的过程，如果设立的目标不现实，会让社工产生受挫感，这种受挫感会伤害社工的工作动力。所以，作为督导，需要有智慧地调整自己的策略，跟随社工成长的步伐，该沉默的时候就闭口不言。

第三种，给予社工一定的空间来“试错”，进行独立思考，而非让社工在督导的“权威”下工作。“出错”对于职场人士来说，是不容易接受的事情。其实，在不违反伦理和原则的情况下，让社工有“试错”的空间，对于团队的成长是非常有帮助的。我还记得有一次发现一位社工在家访的时候非常严肃，服务对象在她面前显得有点紧张。后来，我问这位社工，如何看待自己家访时的“专业”态度。她觉得自己没错，因为那意味着专业界限。我想，这也并没有错，只是这种略显生硬的方式似乎不利于她与服务对象之间关系的建立，于是，我不再说话。在之后的家访中（可能因为之前我的提醒），这位社工开始观察服务对象的身体语言，发现对方在她面前表现得很紧张，于是她再次跟我沟通，说自己的态度可能会让服务对象感觉到压力。听到她这样说，我非常开心，因为这种“觉醒”是在社工进行实践后发现的，而不是督导直接告诉社工的。对于自我察觉比较敏锐的社工，给予她/他们“试错”的空间，进行尝试和反思，是非常有价值的。

总之，督导就像一个农夫，需要根据每个社工的性格和特点，给予不同的养分。农夫在不同的季节需要做不同的事情，硬地需要松土、干地需要浇灌、贫瘠的要给予养分、太茂密的需要修剪，社工的成长也是如此，一味地施肥并不是正确的方式。

如何训练社工跨出自己的舒适区

——如何跟服务对象谈论死亡

我们曾经服务过一个家庭，父亲入狱，母亲离开，孩子的养育人是爷爷奶奶，两位老人的身体状况很不稳定。当时我跟负责这个个案的社工 H 说："我们需要讨论一下这个个案的家庭情况，因为孩子爷爷奶奶的身体都不是很好，如果其中一个人忽然丧失劳动能力或者过世，孩子的养育人如何安排？"H 表示很为难，因为在中国的文化里，不太能接受这种"晦气"的假设。比如，如果服务家庭因此生气，会不会影响社工与他们的关系？又或者，如果服务家庭在不久后发生意外，他们又有点迷信的话，会不会因此迁怒社工？

其实，这个话题即使在西方社会，也不容易开启。我常常跟同事说："我们是社工，这并不意味着我的任务是使服务对象高兴，哄他开心。"其实，优势视角的使用并不意味着忽视客观存在的问题。对于服务未成年人的社工来说，进行监护人监护能力评估，提前预警家庭可能的危机，做好准备，是我们的基本职责。其实从另一个方面来说，最关注服务家庭需求的人是他们自己，有的时候社工可能会因为自己的局限性而选择对某些情况闭口不言，但服务家庭其实早已有考虑和计划。了解他们的想法，是社工进行评估的必要步骤。

厘清了这个出发点后，H 的感觉好了很多，我们又商量了以什么样的方式开启对话，预备好之后，我以为 H 会请我一同前往协助，谁知，H 说，他想自己试试看。很快，在那之后的家访中，H 与孩子的奶奶聊到了这个话题，H 问她，如果家中的两位老人都丧失了劳动力，孩子的生活该怎么办？对于 H 的询问，孩子奶奶非常平静，表示虽然自己没考虑这么多，但是如果到了那一步，自己的另一个儿子会负责任。我们所担心的尴尬场面并没发生。而且在 H 那次家访后几个月，孩子的爷爷真的过世了。H 在跟进时发现，如之前所计划的，家庭的日常生活仍然能有保障。

这件事对我们是一个很大的鼓励和提醒，我们只做了一点点，问了几个问题，但是服务家庭的回应却让我们有了一次难忘的经历。这诚然是建立在一定的信任和沟通技巧上，但也让我们看到，有时候束缚我们，使我们无法走出自己的舒适圈的，也许并不是环境，而是我们心中先入为主的观念和对未知领域的恐惧。

督导的行政职能

社工督导除了承担培训、支持、教育的功能，也同样承担管理和行政的功能。对于笔者来说，培训、支持和教育是比较容易执行的（至少在心理上能够接受），但管理和行政的功能却是比较耗费精神和情绪的。其实，从另一个角度来看，督导的管理和行政职能可以成为支持社工的资源。一方面，督导作为机构管理层，具有一定的自由裁量权，能够调动机构的资源来支持社工；另一方面，管理的职位赋予督导的权力，也让督导在陪伴、支持、关怀、教育这些"软性"的功能之上，有问责、监督的权利，从而提升服务的质量。

小小的调整，大大的改变
——督导如何运用行政职能来支持社工

作为团队的督导，我承担的工作有培训、支持和管理这三个方面。除了直接陪伴社工成长，我也需要承担一些行政职能。最近，我常常有一种感触：社工机构的督导若能够适当地使用行政管理上的自由裁量权，以适当的方式给予社工一些支持，会大大增强团队的凝聚力，也能赋能给社工。在这个过程中，有几件小事让我印象深刻。

有一次，我和一位同事一起去家访。等家访结束，我们回到各自的家中时已经是深夜。第二天同事因为头天过于劳累，无法按时起床，所以只能临时请假。她请假的方式并不完全符合机构的流程，当时我首先考虑的是对方是否按照流程请假，而不是她在一次很消耗心力的家访后需要的支持，所以，我虽然批准了她的请假，但同时也批评她违反了流程。后来，这名社工告诉我，我缺乏人情味的回复使她受到很大的伤害，好久才从这种伤害中走出来。

有时候，我真的很惊讶自己会用这样缺乏温度的方式来对待一线的社工。我们是同事，我需要在各方面支持她们、保护她们，这样她们才有心力继续往前走。后来与机构顾问沟通后，我明确了一件事：我是督导，也是机构的管理层，有一定的自由裁量权，在机构未作出明确规定的方面，我有权力根据自己的判断力，作出适合当下处境的决定。于是，我开始吸取上次的教训，在小事上作出调整。

过了一段时间，我陪一个社工去家访一个高危个案，因为是第一次接这样的个案，社工心里很紧张。按照机构财务管理的要求，我们出门家访的时候，除非是有需要，一般都只能搭乘公共交通工具。但是，考虑到当时的处境和天气，我决定打车过去，这样社工可以有一点缓冲和休息的时间，调整好自己的状态。事实证明，这样做是对的。我还记得，在出租车上社工告诉我，其实当天下班后她有个人的安排，但是因为服务对象有需要，她还是愿意优先安排家访的时间。当时，我非常感动。社工也是人，使我们能够带着温度去对待服务对象的，不仅仅是我们所受到的训练和专业的伦理，也有我们自己感受到的爱和尊重。当一个社工被尊重、爱惜滋养的时候，她能用一个好的状态回馈服务对象，对待身边的人。这样做，不也是社工伦理的体现吗?

作为一个小小的机构，我们的经费经常是很紧张的，相信我们所经历的（人手少、经费紧张）也是很多同类机构的处境。但是，我仍然觉得，机构可以给予督导/主管一些空间、资源和支持，来帮助督导陪伴社工成长。比如，机构在预算中给督导/主管一些经费可以自由使用，用来进行团队建设和关怀社工；机构给督导一定的权力，可以在请休假的制度方面灵活安排社工休息；在机构预算的批准和使用上，督导能给予社工一定的自由裁量权，在某些特定时刻根据处境来灵活安排行程。这些都是小小的事情，但是却能够温暖人心，带来大大的改变。

督导如何问责社工

督导不仅有支持、培训、教育的职能，还有监督、管理的责任，作为机构的督导，我同时也承担管理团队的责任，需要向机构领导层汇报社工的工作情况，并根据社工的情况提出人事建议。因此，观察社工的表现，对他们的行为作出反馈，甚至问责，都是有必要的。这些都需要有效的沟通。其实，社工的沟通原则和技巧，同样可以用在管理中。比如“面质”“澄清”“开放性问题”等。

当社工因为各种原因不能为服务对象提供适宜的服务的时候，督导有监督和推动的责任，需要及时问责团队，这样才能确保服务对象的权益得到保障。

在督导的过程中，印象深刻的“问责”常常发生在以下情景中：

有一次，我发现一名社工在服务结束很久后，才完成服务记录。按照机构的要求，服务记录不可以拖太久，应该在服务完成后的一周内完成。但是，这名社工花了两周的时间才完成服务记录。这时，我需要询问她：“服务的完成时间是×月×日，为何花了两周的时间才完成服务记录？原因是什么？”

另外一种情况是，我发现社工在服务中跟进很慢，不少的个案进展状态不理想，甚至一个月两个月都没有变化，这时候，我就需要直接询问社工：“请问你最近的工作安排是什么情况？为什么某某个案一直没有完成跟进？”

说实话，在说这些话的时候，我心里也是很紧张的，我很担心我们的关系会因此被破坏，我被当成监工一样的角色，被排斥在团队之外。但是，我是督导，我的责任是确保服务的质量，且承担着团队成员个人不断成长的责任。“父母之爱子，则为之计深远”，这句话其实也体现在作为督导的职能中。真正热爱团队成员的督导，需要为团队成员的成长负责任，这种责任，不完全是跟对方说和睦的话语，也需要有一些艰难的对话，使对方能够走出自己的舒适圈，未来成长为其他人的督导。

如何通过服务记录督导服务

我常常告诉同事们：“没有被记录的服务是没有发生的。”这句话源自我做社工时机构的总干事 TG，她常用这句听起来有点极端的话来提醒我们服务记录的重要性。在机构担任督导之后，我发现，训练社工提供服务记录是一件颇有挑战的事情，这个过程表面上看是要提高社工的写作能力，更深层次的目的则是要求社工对服务的过程和目的有清晰的认知。

在服务的开始，有的社工写出来的服务记录像流水账，看不出干预的重点。后来，我才发现，报告写得不好，并不仅仅是社工书面表达能力的问题，而是因为他们在服务时没有清晰的思路。当社工本身对服务的目的、自己要做的事情有清晰的蓝图后，服务的脉络就会比较清晰，记录起来就比较流畅。所以，社工报告也能从另一个角度检验社工本人对服务的认知是否清晰、服务的过程是否有章法。

有的社工在服务记录上耗费很多的时间，写出来的服务报告充满了细节，重点却不突出。我开始了解她写服务记录的过程，她告诉我，因为整个服务过程中的对话非常长，内容很多，因为不能确定哪一句是重点，所以她常常使用直接引用的方式来记录自己和服务对象说过的话。当我请她学习总结概括家访的内容时，她表示担心自己记错重点。后来，我才意识到，原来，为了写好服务记录，社工还需要锻炼筛选和总结信息的能力，这个过程的训练更是思维方式的训练。看来，想要当一个好社工，系统的思维能力是必需的。

其实，除了定期请社工汇报个案的进展，或者亲自去服务的现场旁观之外，随着社工个人能力的提高，相当一部分的督导是通过阅读服务报告来完成督导工作的。为了保证服务的质量，我常常会做到以下几点。

第一，在服务记录的表格中要求社工明确填写服务目标，并评估目标是否达成及社工在服务的过程中与服务对象的关系。

第二，除了要求社工记录服务的内容，还需要列出下一步的服务计划，以及自己在服务中的感受。

第三，社工需要总结服务中的技巧（运用了哪种沟通技巧）、运用的理论以及是否遵守了社工伦理和专业界限。

第四，在社工的服务记录中，若社工没有记录针对服务对象某一个言行的回应，或者没有记录服务对象对于社工的干预方式的回应（比如，对于社工提出的问题，服务对象是如何回答的），我会在服务记录中追问社工，并且请社工补充内容。

第五，在服务记录中预留空间，要求督导填写书面意见。

总之，不是没有好的文笔，而是没有好的干预。记录和服务就像一个硬币的两面，彼此成全。希望我们都能够有清晰的思路去提供服务，并用精确、专业的方式记录下来。

从手术刀到锄头

廖陈林

在国内做社工的前两年，我发现我常常纠结于一些小的事情，比如，为什么家访的时候要拍照片？为什么需要用自己的手机跟服务对象联系？服务对象如果看到我的朋友圈怎么办？评估的时候有没有可用的量表？如何保证服务的效果是有效的？服务中的流程是否合适？社工个人是否有开展“有效沟通”的能力？

这些问题随着一步一步“入局服务”，在渐渐被解决，但是我发现更多的问题开始出现。比如，社工做个案管理的时候，主要的职能是链接资源，但是现在的处境中并没有很多资源可以链接，怎么办？再比如，我们已经在逐渐摸索出适合服务服刑人员子女的流程，但如果没有成熟稳定的个案转介机制，很多人仍然无法受益于这样的服务。个案转介机制涉及政策倡导，这已经不是一个小小的社工甚至团队能单独完成的事情了。

这些事情在我以前的工作中，不需要过多思考。作为一个社工，我只需要按照项目的设计流程，一步一步操作即可。那时我需要经常思考的是微观的技能，比如，面对有过创伤经历的儿童，如何进行评估？面对动力不足的儿童，如何用动机访谈的技巧来推动儿童的动力生成？我就像一个拿着手术刀的医生，着眼于小部位的修修补补。

回国以后，我常感觉自己像从一个无菌的、精密的手术室来到一片原野中，手中的手术刀虽然精妙锋利，却无力撬动硬土，我更需要一把锄头，用来开垦硬土，撒下种子，搭建那个可以让手术刀发挥作用的平台和系统。很多时候，我觉得自己像行走在旷野中，四顾茫然，常觉不易。不过，当我愿意在旷野里再看远一点的时候，发现已有不少人同在开垦，原野中的硬土开始被松动，撒下的种子开始在生根发芽，未来可期。这本小小的手册，记录的就是我们这个小小的团队在这几年在一块试验田中，翻开的硬土、撒下的种子。这些种子会不会长成大树，结出果实，需要时间和实践来印证。

后　记

复和督导　廖陈林

从2017年开始，我们的团队以个案工作方法来集中服务国内某地区的限制人身自由人员未成年子女及其家庭。个案服务的时间基本上在1～3年，大部分家庭的情况比较类似：父亲入狱或者被强制戒毒后，母亲离开，孩子与爷爷奶奶居住。在服务这些家庭的过程中，我们发现：他们的处境和需求既有共同点，又各自面对不同的挑战。这些挑战，其实代表他们各种典型的处境和难处。我们想要分享在面对这些既不同又有代表性的“问题”时，如何运用社会工作的方法来进行评估、“破局”和介入，以及在这个过程中我们是如何评价和反思我们的工作的。除了从理论上将这几年的服务进行梳理和总结外，我们也希望通过一个个的案例展现社工的服务过程。写这些案例的伙伴们，有的是直接服务家庭的社工，有的是陪伴一线社工服务的督导，也有一些人是通过阅读其他社工的服务报告进行的回顾和总结。我们想要通过展现不同家庭的处境和社工的工作方式，为同样有志于服务这个群体的伙伴们提供一些可能的启发和思路。

服务的过程也是我们的团队在实践中成长的过程。我们的团队人员背景非常多元，有人需要从头开始，有人则需要在本土的处境中理解自己过去的经验。在这个奇妙的团队中，我们的理念在一次又一次的碰撞中成熟。因此，不论是督导还是社工，都在不断地用小文章来记录自己的心路历程。这些短短的文章，讨论的不是什么高深的理论，只是尽可能用一种“原生态”的方式来记录我们走过的路，尤其是我们走过的弯路。如果这样做，能够给后来者一些提醒、一些勉励、一些安慰，让我们的同路人发现“原来不是只有我一个人有这种感受”！甚至只是起到疾呼“此处有坑，请小心谨慎”的作用，我们就心满意足了！

这本小册子能够完成，得益于香港理工大学应用社会科学系中国及全球发展网络（前中国研究与发展网络）的支持。特别感谢古学斌博士（香港理工大学应用社会科学系副教授、中国及全球发展网络主任 、北京大学 - 香港理工大学中国社会工作研究中心主任）、陈沃聪教授（港专学院社会科学院院长，前香港理工大学应用社会科学系教授、医疗及社会科学院副院长）、何国良博士（香港理工大学应用社会科学系资深研究员）及叶少勤老师（香港理工大学应用社会科学系中国及全球发展网络资深项目员、北京大学 - 香港理工大学中国社会工作研究中心执行总监）在整个过程中的指导、勉励和支持。尤其是陈沃聪老师在我们的服务中一路陪伴我们，帮助我们建立了服务的基本框架和理念，在这几年的实践中，给予了团队长期的督导支持、鼓励、建议和安慰。感恩有你们一路同行！

此外，我也希望借此机会感谢为这本小册子贡献很多的老师和同事。感谢北京师范大学社会发展与公共政策学院的尚晓援教授在百忙中阅读我们的书稿并给予了宝贵意见；感谢华东师范大学社会发展学院的赵鑫老师在接到审稿的请求后，不仅给了我们细致精准的建议，而且还多次与我们沟通，给了我们的工作很多的鼓励、肯定和支持。因为这本书而认识她们，实乃幸事！

成书的过程中，我们也得到了领导的关怀和勉励。中国社会福利与养老服务协会副秘书长、中国社会福利与养老服务协会儿童福利与保护服务分会（以下简称“儿福会”）的执行会长冯立伟女士，儿福会的秘书长芦嘉老师、副秘书长张达老师也一直很关心这本小书的出版，给了我们很多支持和鼓励。此外，复和团队的唐佾颦女士及西北政法大学的南林希同学帮助我们完成了大量的校对工作，这本小书的完成也有他们的心血。

我们期待这本小书能成为我们与更多同行者在这条路上的新起点，汇聚更多的力量，来为这群孩子发声！

2021 年 12 月